# 放射能に追われたカナリア

## 災害と障がい者の避難

鈴木絹江

*Suzuki Kinue*

解放出版社

目次

## 第一部　福島から京都へ

避難を余儀なくされて　6／私の生まれたところは　9／地域の小学校へ通いました　12／養護学校へ転校　16／養護学校は温室です　20／就職して千葉へ　22／社長は横暴な人でした　24／これ以上、ここにはいられない　26／いわきへ戻る　29／自分の力で生きる――障がい者運動と出合う　30／最初の大きな挫折　34／青い芝の会の運動に出合ったのです　36／母との決別　39／拉致された私　40／匡との出会い　42／青い芝の会が解散――あらたな人生の転機　45／この頃、水害に遭いました　47／「農業をやりたい」と匡が言いました　49／匡がライブハウスのマスターに　51／念願の百姓生活スタート　52／入植して……山火事を起こしました　54／火事を起こして同情された？　57／火事で地域に受け入れてもらえました　58／三年目で何とか農業で食べられるように　60／いろんな人が訪ねてきました　61／移で出会った人たち　64／ただ兄《あん》ちゃんとよしこさん　65／手紙出しとけ！　67／同じお茶を飲んでくる　69／権利の狭間がありました　71／娘が産まれました　73／夏ものがたり　その一　75／夏ものがたり　その二　77／夏ものがたり　その三　81／障がい者運動を再開しました　85／自立生活運動を切り開いた福島の障がい者　86／障がい者が地域で生きていく　89／私のふるさと　91／私には夢がある　94／

第二部　障がい者にとっての原発防災　97
原発震災を考える――障害者の避難という課題から
福島は地震、津波、そして放射能に汚染されました　98／三重の災害に見舞われたフクシマ　99／災害が起こると障がい者が見えなくなります　103／行政、警察、消防よりお隣さん　104／福島での現実は……　105／とりあえず新潟へ避難しました　108／それぞれの想いを大切に――事業所を再開しました　110／原発に殺された高齢者　113／障がい者に伝わらない情報　114／障がい者にとっての移動と避難所　115／私たちはどこへ避難したらいいのか　118／要支援者の避難の課題　122／障がいを持つ人たちの屋内退避　123／原発をやめることが最大の防災です　124
資料　『障がいを持つ人の防災提言集』より　障がいを持つ人の防災研究会　125
おわりに　142

# 第一部　福島から京都へ

## 避難を余儀なくされて

京都へ移住して一年たって、やっと慣れました。どんな土地でも慣れるのに一年はかかりますよね。こっちへ来てすぐに病院に行って検査したら、検査結果がよくなくて、即入院。十月に京都に来て、それから検査をして十一月から十二月と入院したのです。年内は体を休めることに専念しました。そっちのほうに時間をとられた。やせ過ぎたんです。もうこのまま死ぬかもしれないと思うくらいやせていたから。

もともと背骨が曲がっているから逆流性食道炎を持病として持っていました。胃液が逆流するのです。それで胃潰瘍みたいになって血を吐いてしまう。水も飲めない。そんな状態になってしまいました。点滴だけで十日間。体を傷つけるから歯磨きの水もダメ。大変でした。

そこから体力を持ち直すのが大変だった。それで少しずつ重湯から始まって、お粥になって一カ月くらい。そしてこちらであたらしくヘルパー態勢を整えるのが大変でした。

こちらへ来たら介助の時間数も一日あたり十時間に増えました。ヘルパーが一日、入ってくれるようになりました。それはそれで楽にはなりました。

こっちに来てから洋室になったから、車いすの生活になったのです。前は部屋の中では歩いていたんです。私は、自立生活センターの考えで自立生活を始めましたからこういうやり方にしたいというペースになるのに時間がかかりました。毎日、ヘルパーは日替わりで人が入ってくるからね。

最初、京都の言葉が分からなかったのです。ヘルパーが「たきますか?」、「何のこと?」。煮ることだと、最初は分からなかったのです。ネギの味噌汁というとこっちは、最後に少し散らすだけ。東北はそうでなくてネギを煮込んだ味噌汁。それとこっちは日本海側の天候。私は太平洋側だから、冬はカラッとしている。食べ物、気候、言葉が違うのですよね。

福島にいたころは、震災後、講演なんかで県外に出るじゃないですか。そうすると前後、泊まるようにしていたのです。元気になって福島に帰ると微熱が出るのです。めまい、吐き気、起きられない。脱毛。下痢。だんだん起きられなくなってきていたのです。しかし、体が放射能を拒否したから、早めに避難して、私の命を救ってくれたと思います。

震災直後、そのあとの原発事故。三月十四日に(福島県)昭和村に避難。十九日に新潟に到着。田村の事業所は四月一日から始めました。私はすぐには戻らず、新潟に二つ家を借りました。一つは障がい者も住めるスロープ付きの7LDK。もう一つは月岡温泉でお世話になったホテルのオーナーの7LDKの家を借りることができました。一つは障がい者用。もうひとつは職員や子どもたち用。この二つの管理をしながら、しばらく新潟にいて、福島と行ったり来たりしていました。

二〇一一年の七月ごろ、ひどくやせてしまいました。めまいがして起きられなくなりました。ヘルパーが「絹江さん、このままだと危ないから入院しましょう」って言ってくれて救急車で入院しました。そのころから去年まで五回、入退院を繰り返しました。

医者は「何が原因なのか分からない」。私の中ではこれは放射能に対するストレスと放射能自体の影響だと分かりました。多分、私は放射能に対して敏感なのだと思います。体も弱ってきたけど、精神も弱ってきた。考えるのが嫌になってきました。生きるのがいやになってきた、ぶらぶら病じゃないけど、そういう無気力状態になってきた。それが二〇一一年後半の頃です。

私たち夫婦は原発と同居はできないと思っていましたが、事業所を再開してほしいと希望を聞いて再開し、自分たちはこのまま避難できるのだろうかとか、再開でいいのかという気持ちが渦巻いて自分の中で収拾がつきませんでした。

夫婦っていうのは、バランスだね。彼が「さあ福島を出るぞ」というとき、私は「なんで今なの？」。そして彼が仕事を頑張っていると私は「なんでいつまでもここを出ないの？」となるのです。気持ちが揺れ動いたのですね。。

彼との間には放射能、原発に関する考え方の違いはありませんでした。そういう恵まれた二人の関係であるなら、京都に避難してきた以上、福島の人たちを支援したい、こっちへ避難してきた人たちとつながりたい。そう思っているけど、それに体がついていかなかったのです。

## 私の生まれたところは

生まれ育ったのはいわき市の小名浜です。母親も私と同じ障がいを持った障がい者です。遺伝性の障がいなんです。うちの母親は十一人きょうだいで四番目。他のきょうだいには障がいはありませんでした。私は母一人子一人でしたから。母の姉が隣にいて、面倒を見るという関係でした。産まれた時から父親の顔は知らないのです。親子の縁は薄い感じはします。

小さい頃は伯母の家のかまどでご飯を炊いていました。伯母が母のきょうだいの中では一番だったから、伯母の家にいつも他の姉妹が四、五人がお世話になりながら食べていたよね。だから炊くコメも一升釜でした。洗濯も井戸。伯母たちはタライを使って足で踏んで洗濯をやっていました。

生まれ育った家の右手が鰹節屋さん。その向かいに鰹を干すところがあって、その隣が映画館。ヘップバーンなんかのでかい看板がかかっていたりしました。そして四つ角には畳屋さん。その隣にももう一軒映画館。金星座、銀星座とあったんです。小名浜は石炭の積み出しや工業も盛んでした。漁業も儲かっていた。だから街は結構、栄えていました。むかしは芸者さんの置屋もあった。うちはお風呂がなかったから、銭湯でした。昼の一時ころ銭湯に行くと芸者さんが入っていました。外国人も歩いていました。黒人が多かったかな。船乗りだったのですね。そんな街の中に小学校まで育ったのです。

母親は病気がちの人でした。心臓が悪い。リウマチも患っていました。だから生活保護をもらっていました。それでも働こうとして内職をするとまた体を壊す。

小さい頃は社会全体が貧しかったから、自分だけが貧しいという思いはなかったですよね。それでも母親を見ていて、人の世話になって生きることは肩身の狭いものなのだという感じはしていました。

当時は戦争で父親がいなくて、それで子どもが何人もいる。そんな家も生活保護をうけていました。でもそういうお家だと、子どもが大きくなって独立すると生活保護を抜けていくじゃないですか。あるとき、母親が言うのです。「絹江、お母さんもとうとう一番になっちゃった」とすごく寂しそうに言ったのを覚えています。生活保護受付の番号が一番になったのです。

「いいじゃん。一番なんて、なかなかなれないんだから」と。そのときはごまかしたけど。結局、母親が言うのには、他の人たちは子どもたちが独立して、自立して親を食べさせていけるようになっていくのです。

「もし絹江が健康だったら、夜のチョウでも昼間のトンボにでもなって母親を食わせて家も建ててくれたろうな」って言ったのが心に残っています。まあそういうことをあんまり言う人ではなかったのだけどね。

母親はのんきな、温暖な人でね。「まさか自分が子どもを産んで障がい児が産まれるとは思っていなかった」って言っていました。

みんなが貧しかったからそんなに生活保護で暮らしていることを負い目には思いませんでした。大人になってあのころを振り返って考えると貧しさも障がいへの差別も人を育てる面もあったと思います。人を育てて生き方を変える面はあったのですが、その人を踏み潰してしまうほどの抑圧になってはいけないと思うのです。それはやっぱり社会の問題だと思うのです。

## 地域の小学校へ通いました

小学校に上る前、一年間は手術をするために平《たいら》の病院に入院していました。それでも私は地域の小学校に通っていました。他のみんなは、家から歩いて二十分くらいで学校に着くのだけど、私は一時間、かかっていましたね。小学校一年、二年の間は自分の足で歩けなくて、母の妹たちにおぶさって通っていました。伯母のところには他にも若い姉妹がいました。伯母さん、伯父さんたちが飲み屋をやっていて、それで夜遅くまでお店を開けているでしょ。それで朝早く起きて私をおぶって小学校へ送っていかなければいけない。それが辛かったのですね。私はおぶさると体があちこち痛くなるのです。骨が圧迫されて。こっちが痛い、あっちが痛い。するといとこが「うるさい！　おぶっさってんだから黙ってろ！」って。お尻をつねられたり。そうやって小学校へ通いました。

私の通っていた小名浜第一小学校はすごく大きな学校でした。全校児童が三千人もいました。今の田村市の都路《みやこじ》村の人口と同じでした。一クラス、五十人から五五人で十クラスありました。一クラスに一人か二人、障がい者がいたよね。軽いＣＰ（脳性まひ）の人とか脱臼、私みたいな障がい者。私のクラスでも私を含めて三人、障がい者がいました。

私は二月二十六日生まれで出席番号だと一番、後ろの方。先生も百人いました。小学校へ九六センチで入学した。高校三年のときが一番高くて、一メートル一五センチ。私はだから二〇センチしか伸びなかったんだな。

小学校へは一時間くらいかけて歩いたのです。身長九〇センチくらいだからランドセルに足が生えているみたいですよね。歩くのは、一〇センチ、一五センチくらいずつ。だから道端の小さな石でも、決して踏まないようにしていました。ころんだら骨折するから。そのころは補助具なし。杖をつくのは、二十歳過ぎてからです。だから足はずっと骨折した状態だった。足が腫れて熱くて眠れない。真冬でも壁に足をくっつけて冷ましていた。一時間くらい歩くだけで、シャツが汗で濡れてしぼれるくらい。だから学校へ着くと疲れて寝ちゃう。それでカゼを引くわけ。一年中、カゼ引きさんでした。

小学校六年の三学期に郡山の養護学校に転校したのです。だから中学の卒業は郡山の養護学校になります。地域の学校の卒業証書はもらえなかった。中学、高校は養護学校です。マンモス校のいわきから郡山養護学校へ行ったら、突然、少ないクラスになってしまいました。十人もいないようなクラスになってしまいました。

子どものころ、障がいがあるから差別を受けたという記憶はありますね。

三年生からは私は歩いて学校に行けるようになりました。行くときは集団登校で行くから、同級生なんかが手を引いてくれたりする。帰りも友だちが手を引いてくれたりとかするのですが、時折友だちが残り勉強をしていてその時にいじめっ子に会うんですよ。そのいじめっ子に会わないように帰ってくるのがとっても大変。そうなると遠回りをしなくてはいけない。私は歩けないから一番、最短の道を帰りたいのに。そのいじめっ子も知的障がいがあったと思います。彼自身もいじめられていたと思います。その子はふざけっこしていて二階から落っこちたと聞きました。それで脳挫傷してしまって、障がいが残ったと聞きました。

いじめられないためにはどうしたらいいのかと考えました。それで大通りを歩くようにしました。大通りだと大人が見ているから、石をぶつけたりしたら、「やめなさい！」って、注意してくれるから。

大通りの道端にはリンゴを売っているおばちゃん、焼きイモを売っているおじちゃんとかいるじゃないですか。その人たちのそばへ行って、少し休んで帰るのです。そうすると必ず聞かれるのです。

「アンタは何歳？」「普通学校なの、特殊学級なの？」。いろいろ聞かれるのはいやなのですが、一回、話せばいいでしょ。二回も三回も同じことを聞かれないですからね。いじめられてけがするよりはいいでしょ。

だから「私は特殊学級じゃありません」「身長は九七センチです」って答えていました。そのうち私のことを知らない人がいなくなってしまいました。みんなから「絹江ちゃん」って声を掛けられるようになり、人気者になりました。

あるとき、タクシーの運転手が「乗ってきな」って声を掛けてくれたのです。その頃、吉展ちゃん事件があったんですよ。その日に限って校長先生が「知らない人についていってはいけません」って朝礼で言ったばっかり。「絹江ちゃん、乗ってけ」ってそのタクシーの運転手が言うんだよね。その人はうちの近所。おじちゃんは私を知っていても私は知らない。「ううん、大丈夫です」って言って断った。そんな話を母親にしたら「誰も絹江を誘拐したって身代金を取れるとは思っていないから、そういうときは乗っけてもらえ」。笑っちゃいましたね。

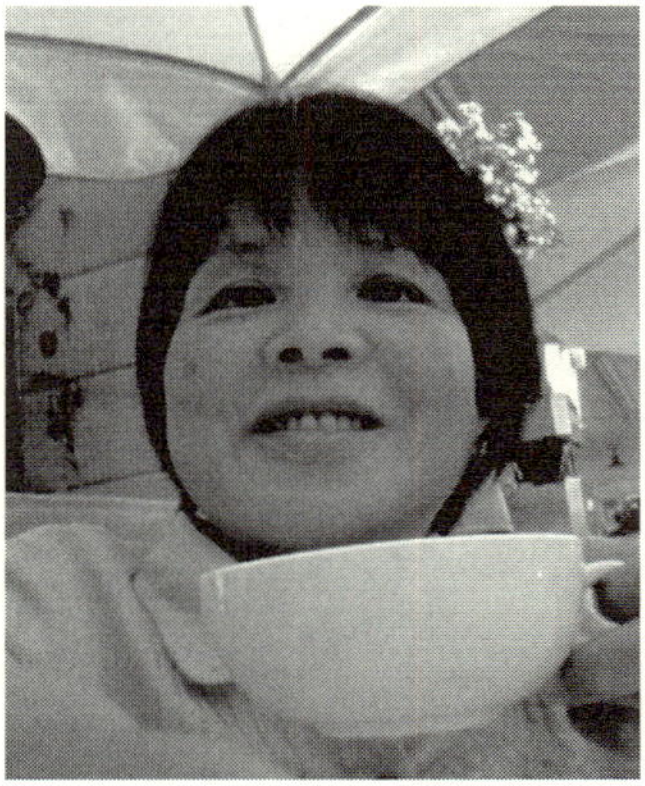

イジメられてけがしたことがあって、それを私は母親には隠していたのです。でも母親が校長先生に手紙を書いたらしくって、朝礼のとき、「小野寺絹江ちゃんをいじめちゃだめですよ。絹江ちゃんは校長先生の子どもだと思ってください」と、全校生徒の前で言ってくれたわけです。私も単純だから、それを真に受けて、

うちにかえって「お母さん、私のお父さんって校長先生だったの？」って話したの。うちの母親は私をバカにして「うんだ、うんだ。校長先生だったんだ」。そうやっていじめがなくなっていきました。

## 養護学校へ転校

小学校は三千人の大きな学校。郡山の養護学校へ突然行って環境ががらりと変りました。いわきの小学校の裏手が中学校だったから、本当はこのまま中学校へ通えると思っていました。それが行けなかったのはショック。それと母親と離れたのが大きなことだったよね。

最初の頃は五十名くらいの寮生活。自分のことは自分でできる人が入れる。そういう寮生活だった。それが小学校六年の一月、三学期でした。一九六三年。養護学校へは本当は小学校を卒業してから行きたかった。その日、郡山はすごく雪が降ったのは覚えています。養護学校は山の中に作ったから、くぼ地に立っていたからすごく冷える。ボタン雪がボッサ、ボッサ降って授業どころじゃない。

親から離されて、突然、クラスの人数がガクンと少なくなったこと、寒くて雪がボサボサ降ったこと、自分のことが自分でできないと寄宿舎に入れないと言われたことがちょっとショックでしたね。

私たちのころは、自分のことが自分でできないと養護学校へ入れない時代でした。だから面接のときに「自分でトイレに行けますか?」と聞かれました。ものすごく恥ずかしいことを聞かれたことのような気がして、頭がかぁっとなったことを覚えています。腹が立ちました。

養護学校とか寄宿舎は、もっと重度の人が入るところだと思っていたのに、そういう人たちは入れないで自分のことは自分でできる人が入る。そのことを「何でだべな?」と疑問でした。重度の障がい者が養護学校に入学するのは後からです。郡山養護学校は最初は五十人しか募集しなかったのです。

クラスは十人くらいだったのですが、他の人は初めて教育を受けた人ばかりだった。自分の名前がやっと書けるとか、一桁の計算ができる程度。年齢は同じ。五年と六年が一緒だった。それでやることは、いつも一桁、二桁の足し算、引き算。他の人は、軽いCP、歩ける人。カリエスの人は喜多方の山の中の出。多分、学校へ通えなかったんかな。

授業の最後に簡単なテストをする。二桁の足し算、引き算ができないと授業が終わらない。私はいつも百点だった。私はXとかYを勉強していたから。みんなとは違う教科書を使っていました。だから私はいつも自習でした。いわきのころは、通信簿が全部3。3、3、3でした。たまに国語とか音楽が4とか5。養護学校では同級生との学力の差があったから、いつも自習で寂しかった。

学校って自分より上の人もいるし、下の人もいるというのが、普通じゃないですか？ いろいろな人がいる。ところが自分より上の人は先生しかいなくなっちゃった。何ていうかものすごいプレッシャーというか、自分の意見を言うと必ずつぶされるっていうか……。

小学校一年生から中学校三年生までで六十人くらいいたと思います。療育センターができると少しレベルが高い人たちが入ってくるのです。ちょっと軽度の人で手術をして、三カ月、四カ月いたら地域の学校へ戻るのです。その人たちは普通に学力がありました。普通の教育を受けていた人たちです。

このあと養護学校に革命がありました。重度の人たちが入ってきました。白石君*や橋本君*たちです。白石君は私より一学年下ですが、歳は私より上です。就学猶予で入学が遅れています。

私が中学校二年生のころに重度の人も入学し始めました。その後、寄宿舎は百人くらいになってきました。療育センターも百人くらい。あわせて二百人くらいになってきました。

**白石君**
白石清春。福島県立郡山養護学校同窓生。一九七〇年代の青い芝の会最盛期に活動をする。

**橋本君**
橋本広芳。福島県立郡山養護学校同窓生。父親の死をきっかけに施設から退所。青い芝の会活動をする。

療育センターの人たちが通い始めると授業も普通の授業になってきました。クラスもA、Bと分かれました。Aクラスは普通の教科書を使う。Bクラスは就学猶予の人たちを中心にしていました。知的の人たちはまたべつの養護学校を作られていく。

白石くんは郡山の人だったから、通学だったのです。うらやましかったね。私たちは寄宿舎にいるのに。先生の生徒に対する脅し文句は、「夏休みに親元へ帰さないぞ!」「そんな暴れてばかりいると、夏休み、家に帰さないぞ!」っていうのが決まり文句だった。

私は逆で帰るには、親が迎えに来なくてはいけない。私の母親は障がいを持っているし、心臓も悪いから迎えに来られないわけですよ。となると伯父さんか伯母さんにお世話にならないといけない。だから先生は「そんな悪いことばかりしてると家に帰すぞ!」。先生はちゃんとツボを心得て私を叱るんだと思いました。

学力が急に低いところに来たもんだから、前の学校の同級生は、中学になって英語も勉強している、数学ではX、Yとかやっている。なんか置いていかれるんじゃないか。そんなふうに思いました。そういう焦りがありました。

## 養護学校は温室です

前の学校ではいじめられたり、じろじろ見られたり、心が痛かったのだと思います。それを表に出すことができなかった。それが辛かったと思います。養護学校へ行ったとたん同じような人ばかりで、一面、安心はできた。でも社会から置いていかれるという疎外感はありました。

養護学校へ入ったとき、「アンタ方が入るこの学校を建てるためには、一人五百万円かかっている」と先生に言われたのです。養護学校を作るのに。それを聞いて、「その五百万円を我が家にくれたら、母親が私をタクシーで中学校に通わせることができたのに！」って思いました。ずうっと地域の中で暮らせたのに。

中学校の頃は誰しも多感ですよね。あとから考えると私の場合、大事なときに、家族が役に立たなかったという思いが強いですね。家族は自分の味方のはず。その味方が身近にいない。そういう思いをずっと持っていました。先生は味方ではない。

私の中に親は頼りにならない。そういう思いが芽生えてしまった。母親は娘に対する思いをたくさん持っていたのだろうけども、親子は、時間と生活を共有することで親子になる。決して血のつながりで親子になるのじゃないんではないかと思います。時間と日常をいかに共有するか。それが養護学校へ行くことで途切れちゃたんですね。大事なときに相談に乗ってもらえない、力にならない。そういう思いを知らない間に積み重ねていったかなと思います。

そこまで分断して養護学校を作らなくてはいけないのか。そういう思いはある。勉強ができるというより、親子の愛、つながりとか家族を大切に思うとか、そういうことって、生きていくうえでずうっと関係することですね。その関係は、人とうまくやっていくうえでの土台になると思います。

養護学校へ進んだことで勉強をしなくなりました。ある意味、競争がないですからね。勉強してもしょうがないと思うようになりました。私の家は生まれたときから生活保護世帯でした。だから高等部には上がれないと思っていました。ところが療育センターができて、先生が「絹江ちゃん、手術しないか?」と言ってきました。「手術すれば足がまっすぐになるぞ。スカートはけるぞ」って。「手術をすれば高校へも上がれる」「絹江ちゃんにはぜひ入ってほしい」って先生が言ってくれた。

高等部はクラス十二名でした。家政科と商業科に分かれていたのです。私は商業科に行きたかったのですが、先生に「おんなは家政科」と言われました。

うちの母は、洋服の仕立屋で、それで体を壊していました。私は電話交換手になりたかったのです。養護学校は社会から見れば温室。社会はもっと厳しいのだろうなって想像していました。厳しいといっても、私たちは、養護学校という温室しか行かせてもらえない。温室に好きでいるわけじゃないのに。そのくせ、先生たちには「そんなんじゃいけない」と怒られても……。

## 就職して千葉へ

クラス十二人のうち、職業訓練校に行けたのが二人。家を継いだのが二人。そのうち一人は時計屋さん。就職したのが私を含めて二人。

障がい者運動に関わりだす大きな原因は、やっぱり千葉での生活だと思います。

会社で働くということは、生活保護ではないお金で自分の頭の先からつま先まで、自分の血肉を生活保護ではないお金を稼ぐということ。自分のお金で生きてみたい。それが私の至上目標だったからね。その目標を掲げて就職したのだけど、ひどい職場だった。

日本刺繍の会社です。経営者は熱心な明治生まれのクリスチャンでした。障がい者や行き場のない健常者の吹き溜まりみたいなところでした。すごく安い給料で働かされていました。一九六八年ですが、私が一番最初にもらったお給料が三千円。それをもらって私は、「ひえぇ～安い」って思ったの。そうしたら社長が「この会社始まって以来の高給だ」って言っていました。会社は雇用促進のお金をもらっていたと思う。そして会社に通帳を預けていた。だから自分がいくらもらえているか分かんなかったのです。

次の月が五千円。それから毎月、五千円、寮費。そして石鹸とか日用品のお金を払っていました。給料は最後のころ、一万円くらいにはなっていたかな。先輩で三万だから。十年以上勤めていた人で三万ですよ。

千葉県の東金《とうがね》市にありました。九十九里浜に近いとこだったのは覚えている。そこは街から離れていたから、自分で買い物にもいけない。三十名の従業員、三分の一が障がい者。三分の一が身寄りのない健常者、残りが社長一族。会社でも寮生活でした。

会社は萩原朔太郎の本にも出てくる竹林が目の前にあるお屋敷のあとにありました。昔の武家屋敷か庄屋様のお屋敷あとに会社を建てていました。会社があり、寮があり、礼拝堂があり、社長宅がある。ゲストルームと畑もありました。

一カ月、四、五千円で食費は賄えました。その代わり、自分たちで土日、畑仕事をやらなければなんない。そして月一回は刺繍の研究会。社長が教えるからって、月謝を払ってね。そして月一回、必ずミサ。神父さまを呼んでミサ。そして食事会。そしてあとの二回は畑仕事をやらないといけない。これで全部、日曜日がつぶれる。だから休む暇がない。

最初の一年間、体がきつくて外に出られなかったのです。それで一年半たって、初めて外に出ました。わざわざ映画館に行って寝ていた。そうしないと休めなかった。どうしてかというとそうしないと日曜日がいつもつぶれるから。日曜に部屋で休んでいることができない。

私はどんどんやせていきました。高校のとき、三八キロあったのですが、二四〜二五キロまでになりました。それで持って行ったズボンはだぼだぼ。足に入っていた針金が膝に当たってうっ血状態になりました。それをかかりつけの医師に言ったら、再手術が必要だと言われました。「絹江ちゃん、一回戻って来なさい」と言われました。

## 社長は横暴な人でした

私たちは西陣の帯に刺繍を施していたのです。一本百万円もするのですよ。私も皇室や女優、大臣夫人とか、銀座きしやとか、鈴乃屋の仕事をしていました。テレビで時代劇をやったら「衣装提供・鈴乃屋」って出てくるのです。銀座きしやは一流、鈴乃屋は二流でした。若尾文子や池内淳子の半襟なんかの刺繍をやっていたのです。

社長に技術的なことで怒られて、一本、三十万も四十万もする帯を切られてしまう。そんなこともありました。そんな明治生まれの人でした。

その会社は、朝のミーティングのとき、必ず神様の言葉があるのです。卒業して就職した最初の頃は、聖書に書かれていることかって何となく納得していたのですね。そのうち、聖書に書かれていることと社長がやっていることにギャップがあるのが分かるのです。先輩の中に技術的に優れた人がいました。だから社長はいつまでも会社に留めておきたかったのですね。その彼女は結婚したかったんだな。それで社長は電話でのやり取りを盗み聞きするとか、手紙がきていると開けて見ているとかは日常茶飯事。彼女が外出することをものすごく嫌がったりしていました。それらは後から分かることですが……。とにかく暴力的というか、横暴な人でした。

社長は「朝礼で問題があれば、何でも相談しなさい」と私たちによく言っていました。そのくせ、従業員が歯が痛くても病院に行けないのです。調子が悪くて倒れた人もいたりしたことがありました。仕事は夜十一時までに終わらない。そして朝早くから働いている。

新参者の私が労働環境をよくしてもらうために「社長に言ったらいいのに」って先輩に相談したら、「そんなこと絶対しちゃだめ！」って叱られました。なぜ内部のごたごたをみんなは言わないのかなと、不思議に思っていました。過去、それはつぶされてきたのですね。

この先輩は技術的なレベルがすごかったから、彼女が立ち上がったら、みんなは付いていったのじゃないかなと思っています。それでも私は、「先輩、病院に行きたいのにいけないのはおかしい」って相談したのです。この先輩はポリオの障がいがありました。「絹江ちゃん、社長に逆らったらここにはいられない」

この人が立ち上がらないとこの会社はよくならないと思っていたから、すごくがっかりした。

## これ以上、ここにはいられない

再手術が必要だということを社長に言ったら、「あんた、何、考えてんの」「あなたのような人間を雇ってくれるところはないんだよ」「そういうことを言える立場か！」って怒られました。それを言われて、これまで社長が語っていた神様の言葉が私の中でがらがらと崩れ落ちてしまった。

そんなことが重なったとき、社長が「小野寺君、小野寺君。こっちに来なさい！」。ものすごく怒ってくるのです。

「あなたは何、生意気なことを言ってるんだ」「ここに雇ってもらえているのは誰のおかげだ」「あなたのような人間を雇ってくれるところがあるか！」

すごく怒られました。先輩に「キチンと社長に言わなくては」と相談したことを別の先輩が社長につげ口をしたのですね。そんなことでショックを受けて、悩んでいるときに私を可愛がってくれていた先輩が突然、亡くなるのです。過労です。

今思えば、くも膜下出血だったのです。その年は発注がいつもの三倍。だから仕事が忙しく、みんな寝る時間を削るしかない。そうなると従業員がバッタンバッタンと倒れていくのです。私らのような新入りは、仕事に関われる範囲が限られているのです。だから先輩にしわ寄せがゆく。あるとき、その先輩も「ちょっと休ませて」って言ったきり倒れてしまいました。それまでもよくあったことなので、かかりつけの医者が診て、「これは過労でしょう」と簡単に片付けてしまった。

そのうち寮母さんが「彼女は眠ったままだ。おしっこも垂れ流しだ」と言うのです。「それは脳をやられている。救急車を呼ばなくては！」と言いました。

それで倒れて一週間ぐらい過ぎてから、救急車を呼んだのです。それで病院で亡くなりました。私は、先輩は過労で会社に殺されたと思いました。

そのことをきっかけに私は足の再手術を受けるために、そこを出ることにしました。最初のうちは、また会社に戻るつもりでした。でも母親が「こんなにやせちゃって、もう戻らなくていい」と言ってくれました。

でも戻らなかったことで私は仲間を見捨てたという思いにずっと悩みました。

社長が「小野寺君！」って怒ったとき、私をかばってくれたのがその先輩でした。「社長、絹江ちゃんはそういうことを言ったのではありません」って言ってくれたの。社長は彼女を平手で叩くのです。私のせいでその先輩がビンタをされ、それでもなんども食い下がってくれたのです。「お前もか！」って社長は暴力を振るうわけです。神様も社長も私の中で崩れてしまいました。

再手術が終わって戻ろうと思っていたのですが、母親が止めてくれた。それでも虐待されている先輩たちのことを考えると労働基準局に訴えようかと思ったのですが、他の人たちには戻れる家はないのです。そのことにどう責任が取れるのかと言われると何の責任も取れない。私の中では呑み込むしかない。そのことをほかの人に話せるようになるまで四年かかりました。心の中に仲間を見捨ててきたという思いを抱いたままに生きていました。障がい者運動に関わりだしたのは、そんなことが原点にあったと思います。

## いわきへ戻る

二十歳のときに千葉からいわきに戻りました。四年間は実家ですごすことになります。再手術をして、二カ月ほど入院して、リハビリをしながら編み物の教室に通いました。編み物の講師の資格を取るのにふつう四年かかるのですが、それを二年で取りました。小名浜にショッピングセンターができるのですが、そこにあった編み物屋のお抱えみたいな形で、一日一枚のペースで仕上げていました。朝、八時から仕事を始めて夜十二時には仕上げる。模様編みでもカーディガンでも。最後に母親がアイロンをかける。でも働きすぎてしまいました。それで体を壊してしまう。だから一カ月に一回、通っていたマッサージが二回になり、三回になり、四回になるとなんのために働いているのか分からなくなる。なんか自分で自分の尻尾《しっぽ》をかじって生きている感じになってきました。

それでもやっと親子の暮らしになったのです。生活保護も受けていたけども、私が賃稼ぎをやっていたし、だから母親も「たまには旅行にでも行ってみっぺ」とか、「たまにはお寿司でも食べてみっぺ」と言っていました。

私は小さいとき寿司盆でお寿司を食べたことがないのです。小さいとき、母親が一年に一回、誕生日のときに「好きなものを食べていい」って言うんです。だから私は「お寿司！」って言うのですね。それでお寿司屋さんに電話する。母親は「静かに来てくださいね」。それでお寿司屋さんが「チワッ！」て言わないの。小さい声で「チワッ」。お寿司の盆から、全部、カレーライスの皿に入れ替えて、持って行かせるの。「何で？」と聞いたの。「お寿司屋さんがなんども出入りすると隣近所の目があるから」って。母親は気にしていたの。寿司屋に入ったのは結婚してからじゃないですか。ところが寿司嫌いな人と一緒になっちゃったからね。アハハ。

## 自分の力で生きる——障がい者運動と出合う

母は先に寝て、私は十二時まで仕事をやる。母と二人でセミダブルくらいの布団で寝ていました。それで布団に入りながら、こうやって毎日毎日、体を壊しながら仕事して、最終的にどっちかが倒れてそれでこの生活は終わりなのだろうな、と思いながら暮らしていました。とても空しかった。

生活保護から抜け出すのが至上目的だったのにそれからドンドンドンドン、遠ざかっていく。会社も辞めたし、編み物をやっても体を壊していく。
　そのとき、二十四歳までに大きな出会いがあるのではないかと勝手な予感を持っていました。それで二十四歳のとき、白石くんたちが車いすに乗ってやってきました。白馬の王子様じゃなくてね。そのとき青い芝の会に出合います。養護学校では、白石君はいつも「手すり磨き」でした。爪先立ちして、顔を真っ赤にしながら教室を移動していました。そのころの思い出はそんなとこ。

　青い芝の会の中ではCPが神様みたいなものでしたからね。何でもペラペラしゃべれる私や安積遊歩*みたいなのは、目ざわりだったと思いますよ。障がい者のまがいモン！みたいに目の敵にしていたと思います。横塚晃一*さん、横田正*さんが元気な頃の青い芝の会総会のとき、私と遊歩が書記をしたのです。何を言ってるのか分かんなくて、健全者は外へ出てろ！　みたいな感じだったしね。
「何て言っているのか分かんないですけど……」って言ったら「黙ってろ！　このチビ夕野郎！」って白石君が木刀を持って追いかけてくるのです。這って逃げ出して、そして収まってから戻る。そんなことをしていました。そういう時代ですね。あの頃は赤オニと言われていました。今は仏の白石と呼ばれていますが。そのころは杖の代わりに木

**安積遊歩**
福島県立郡山養護学校同窓生。在宅生活をしていた遊歩を社会活動に誘う。日本に再評価カウンセリングを広める第一人者となる。

**横塚晃一さん**
全国青い芝の会初代会長。一九七八年七月死去。

**横田正さん**
全国青い芝の会二代目会長。二〇一三年六月死去。

刀を持って歩いていました。

それまで命を削って会社や編み物で生活をしてきました。それが青い芝の会に出合い、障がい者は生きていることが労働だと言われたことにホッとしました。障がい者は年金をもらっていいのだ。その代わりに社会を変えればいいのだと、そういうふうにうまく言ってくれればいいだけど、白石君たちはそういうふうには言わなかったね。

彼らと付き合うのは最初のうちはすごくいやでした。あるとき、私が福島市に住んでいる一級下の後輩に会いにいくのです。そしたら白石君たちが福島駅前でカンパ活動をやっているのです。汚い格好でやっているんです。いやだなと思いました。いやだなと思いながら、何でいやかと思う自分がいるのかとそこで立ち止まって考えるのです。そのそばでヤクルトを売っている店がありました。人数分、ヤクルトを買って、彼らのとこへ戻って、ヤクルトをやって、みんなが「絹江ちゃん、ありがとね」って、そこでバイバイして戻りました。そのあと、私は桃農家の友だちのところへ泊まらせてもらいました。つまり私は、あるところで健全者の社会にぶら下がって生きているわけです。それだけど、どこかで彼らのことがずっと気になっていたのですね。

「社会全体がよくならないと本当に重度の障がい者は幸せになれないんだ」。それは今思えば、宮沢賢治の焼き直しの言葉なのですがね。そのときはすごいことを言う人たちがいるんだなと思っていました。

それとなぜ、あんなにどう見ても汚い風体の障がい者、魅力のない人たちのところに健常者の人たちが行くのだろうなと疑問に思いました。彼らをほっとかなかったのですね。その頃はなんの補助金もなくて、本当にボランティア。その晩の飯が食えるかどうか、そんな時代でした。彼らの無謀ではあるけど社会を変えなくてはいけないという心意気でやっていること。それに私は何かを感じたのだと思います。

私の中にはカンパなんかより、「袋張りでもいいからやろうよ」という気持ちがなかったと言えばウソだね。働いて収入を得ていましたから。

「お前はそうやって編み物でもやって生きていけるかもしれないが、重度の人は生きていけるのか！」って言われたら、「何で私がそこまで非難されなければいけないのよ。私はただただつましい生活をするためにやっているのに、何で追及されなければいけないの」と思いながらも、彼らが「みんなが幸せになれなければ幸せになれないぞ」と言った言葉が心に残ったんだね。

## 最初の大きな挫折

私は日本刺繍の会社を辞めて、社会から落ちこぼれたと思っていました。そのとき、「障がい者が幸せにならないと社会全体が幸せになれない」という白石君たちの言葉に救われたのだと思います。会社を辞めてきたという挫折感。当時は一つのところに勤めたらずうっと勤めるのが当たり前だと思われていましたからね。会社を辞めてきたから、根性がないとか自分でも感じていたのですね。実際は体力がなかったのですけどね。人生でのはじめての大きな挫折感を覚えていました。だから手先が器用だから編み物の仕事をして、とにかく人並みの生活をしたかったのです。私、ずうっと生活保護で暮らしていたから、そこから自活して暮らしていくというのが目標だったのです。

白石君たちのカンパ活動は、どこか違う、面白くないという気持ちがありました。「おかしいんじゃない」という思いがあったのですね。それでも彼らを排除する、差別する社会は、私自身が社会から差別されて、ひどいとか格好悪いとか見られる気持ちと同じじゃないかなと思えるようになりました。

だから汚い格好で駅前でカンパ活動をやっている彼らを見ないようにして通りすぎよ

うとしてたんだけど、もうひとりの自分が、「いやいや、友だちや後輩が一生懸命に何かを訴えているんだから……」と思い直して、ヤクルトを買って差し入れたのね。彼らも私なんかのことは毛嫌いしていたと思います。私もそうだし、彼らも「生意気なヤツだ」と思っていたと思います。

そのときの出会いがきっかけになって、白石君なんかが「じゃ絹江のとこへも行ってみっぺ」となったのだと思う。彼らは福島だけの映画会（『さよならＣＰ』や『カニは横へ歩く』）を開いていました。そのあと、私らのところへ訪ねて来て、手伝うように頼まれたのです。結局、三本くらい映画を自主上映したんだよね。

白石君たち重度の障がい者たちは、進学も就職も難しかった。それは社会のハード面が整っていないから。私は会社を辞めて、挫折をしてしまいます。その後、私は編み物の会社で働くなかでどんどん体を壊していったのです。母親との生活も自分が倒れるか、母親が倒れるか、どっちかが倒れたら終わりだと先が読めてしまったのですね。そこの先からの展望が見えない。生きていていいのかなという思いとかありました。

それから障がい者運動に出合うのだけども、私が生きていくうえでいろんな人が関わってくれるけれども、それだけの価値が私にあるのかなとか、というふうにも思い悩んでいた時期でした。

健康な人は私に関わらずに健康な人同士で何かをしていったほうがいいのではないか。もっと社会の役に立つのではないか。そういうふうにすごく思っていた自分がありました。自分に自信がなかった。この体ではいつも人の手を借りなければならないということに対する負い目があったのですね。生きていていいのかなという気持ちはかなりありました。だからと言って死ぬことはできない。自殺はできない。でも生きていくのはなんて苦しいのかと思っていたのが二十歳でした。

もう一度、二十歳に戻りたいかといったら、絶対に戻りたくないほどに苦しかったですね。

## 青い芝の会の運動に出合ったのです

それで映画上映やカンパ活動のため、月一回出かける。それが二回になる。そうなるとだんだん仕事ができなくなる。仕事を母に内緒で断るようになる。母は仕事が少なくなるので不審に思うようになる。

私は白石君たちと本音のぶつかり合いをしながら、月に一回カンパ活動をして、そしてそのまま白石君たちとそこで寝泊まりして、ご飯を食べたりしていました。酒飲んで、ああでもないこうでもないと徹夜討論会をやっていました。いろんなことを本音でね。私は障がい者運動に二十四歳のときに出合ったのです。

青い芝の会のＣＰの五大綱領ってあるじゃないですか。

青い芝の会　綱領

一、われわれは、自らが脳性マヒ者であることを自覚する。
われらは、現代社会にあって「本来、あってはならない存在」とされつつある位置を認識し、そこに一切の運動の原点をおかなければならないと信じ、且つ行動する。

一、われらは強烈な自己主張を行う。
われらが脳性マヒ者であることを自覚した時、そこに起こるのは自らを守ろうとする意志である。われらは強烈な自己主張こそ、それを成し得る唯一の路であると信じ、且つ行動する。

一、われらは愛と正義を否定する。
われらは愛と正義の持つエゴイズムを鋭く告発し、それを否定することによって生じる人間凝視に伴う相互理解こそ真の共生であると信じ、且つ行動する。

一、われらは健全者文明を否定する。

われらは健全者の作り出してきた現代文明が、われら脳性マヒ者を弾き出すことによってのみ成り立ってきたことを認識し、運動及び日常生活の中からわれら独自の文化を創り出すことが現代文明への告発に通じることを信じ、且つ行動する。

一、われらは問題解決の路を選ばない。

われらは安易に問題解決を図ろうとすることがいかに危険な妥協への出発であるか身をもって知ってきた。

あれは私にとっても救いだったし、衝撃でした。あの頃に、横田、横塚理論の本をぐんぐん読んでいった。白石君たちのやっていることを見て、重度のCPの人たちが自立してやっているのに、何で自分はできないのか。それが今度、自分の課題になってくるのです。

金がなかったら生活できないべ。それなら生活保護を取ればいい。生活保護を取って、年金を取って、その分、社会に貢献していけばいいんだ。それが分かって救われたと思います。

## 母との決別

編み物の仕事が少なくなってくると、母親が「お前は外で何をやっているんだ」と問い詰めてきました。そのうち「お前はアカになったのか」と言われました。最初、「アカ」の意味が分からなかった。夜、遅く帰ってきたりしていたから、母親が怒ったりするのだけど、それでもめげずに私は集会なんかに行ったりしていたでしょ。

あるとき家に帰ったら、服がメタメタに引きちぎられていて、母の怒りが爆発して、これは出て行けという意味なのだなと思ったのです。そのときには事務所を借りていたので、そこに転がり込んだのです。

本格的に自活するために、生活保護を取ろうとして、役所へ行った。担当者に「障害者年金はどうしていますか?」と聞かれて、そのとき、障害者年金は、母親が持ってたんよ。「まずは自分のものにしなければいけませんよ」と言われました。

それで一回、母親のところへ戻って、生活保護を取りたいと言って、一緒に生活保護課へ行ったのです。

「お子さんの年金を預かっていますね。それは返してください」。母親はしぶしぶ返して、母親も生活保護だから、私の場合、なんの問題もなく生活保護を取ることができたのです。担当者に「自分の住んでいるところもちゃんと伝えておかないといけないですよ」と言われました。

## 拉致された私

それから何日かして、うちの伯母と伯父さんが事務所へ来たんだな。ほんでさらわれたの、私。一度も行ったことのない伯母さんの実家に連れて行かれたのです。いわきの湯本の奥のほうです。そこへさらわれちゃって、それで杖も取られちゃって。そうなると動けない。

母親にしたら苦肉の策。変な男にたぶらかされてるんじゃないかとか、娘がどうにかなっちゃうんじゃないかとか、母親なりに心配していたのだと思う。突然いなくなっちゃたわけですから。

でもそのときに、私は腹を決めて、「社会を変えていくことをしなかったら、私は生きていけない」と。「母親に家を建ててあげることはできない。ただ私が自分の力で生きていけるということが、母親に対してのたった一つの親孝行だから、私はその道を行きます」と、多分、言ったんだな。

「そんな障がい者運動で、人に物乞いをするようなことをやって食っていけると思っているのか！」なんてね、わあわあ騒ぐわけなんですよね。

私は、その頃には在宅訪問をいくつかやっていました。ちょうどお母さんと息子が暮らしている家の相談を受けていました。「明日の何時にお母さんと会う約束になっていて、だから話をしに行かなくてはなんない。それが終わったら、ここに戻ってくるから、杖を出してくれ」と言ったのです。「そんなこと信じられっか！」とか喚いていたのだけど、まあ、私の覚悟が決まっていたので、母親はしょうがないなと、杖を返してくれました。

その相談が終わってまた戻って、「私はもう家を出る。とにかく障がい者の運動をやって、重度の人たちが地域で暮らせるような社会を作っていく」。そのようなことをやっていくんだと母親に宣言したのです。

母親は私が千葉の日本刺繍の会社に行くことは最初は賛成でなかったのです。私たち親子は、子どもの時から養護学校へ行って離ればなれに暮らしていたからね。小学校六年までしかいなかったから、親子で暮らしている時間がすごく少なかった。

会社へ行って、そこから戻ってきて、私が二十歳から二十四歳までの四年間、そのときやっと二人で働いて暮らせた。やっとお金も持って旅行へも行けた。母親にしたら、親子二人で編み物をやって幸せに暮らせるようにやっとなったのですよ。友だちとおしゃべりもできたし、平凡な幸せの中にいたわけです。それがずうっと続くと母親は思っていたのだと思う。もしかしたら生活保護も打ち切れるんじゃないかという希望も持てるようになっていたと思う。

でも私は、どんどん体を壊してそれができないのだと気がついた。

そのことを「そういう暮らしには戻れないんだよ」と伝えたことが母親にはショックだったのだと思います。私からしたらそれでヘソの緒が切れたと思います。そのとき、親からの独立になったのだと思います。

## 国との出会い

いわきでは、介護は労働者が多かったです。いわきには大きな施設があったのでそこの職員なんかですね。福島と郡山には大学があったから、学生が介護に加わっていました。いわきには、短大と高専はあったけど　大学はまだなかった。だから高校生が手伝ってくれました。

匡《ただす》は最初、高校生として関わってくれていた。生活の介護では高校生は難しい。そのへんは労働者の方たちでした。カンパ活動とか健常者グループの集会があれば手伝いに来るとかしていました。

あの頃、自立して生活してアパート暮らしをしていたのは、いわきでは私しかいなかった。重度の障がい者を自立させようとしたけど、当時はうまくいかなかった。

匡は平工（県立平工業高校）に通っていたから、学校から駅への通り道に当時、事務所のアパートがあったんだ。そこのそばでビラまきをしていたのを受け取った。たしか『カニは横に歩く』の映画会に来ていたんだ。そして感想を聞いた。ＣＰの映画で、聞き取れない。何を言っているのか分からない。ＣＰが撮っているから、カメラが揺れるんだね。本当に見づらい映画で、私も何を言っているのか分からない映画だったのだけど。

そのとき、匡が、「カニが横に歩くのは、カニはまっすぐ歩けない。それは一人ひとり、違うっていうことを言わんとしているのかなと思いました」と感想を言ったんだよね。

「へぇ、変わってるな」と思った。それで「ねえねえ、明日、違うところで映画会をやるんだけど、手伝いに来てくれない？　明日、何か予定ある？」って言ったら、「いや何もないです」って。まだ十七歳。それで手伝ってもらった。「学校はどこ？」って聞いたら「平工」。「こんどガリ版で印刷やんなくちゃいけないから手伝って」。

それから学校の帰り道にチラシ百枚、印刷して帰る。だから、彼は自己紹介のときに「ボクは障がい者の映画会に行ったら、一週間後にはもうチラシの印刷です」って言っていた。今、三五年くらいの付き合いになりましたね。白石君とはもっと長いのですけどね。

それで彼は目覚めてしまうんだよね。障がい者に出会って、社会運動に目覚めてしまった。

「社会の歯車になんないで、自分がどう生きていったらいいかを考える」って言うのです。彼は高校を卒業したら自転車で日本一周するはずだったんだよね。

「卒業もしない。就職もしない」と言ったので、匡の母親が怒っていたそうです。

彼が言うのです。「母親が、どんなヤツがたぶらかしたんだ!って怒って訪ねてくるかもしれないからよろしく」って。私はびっくりしてドキドキしていたのだけど。

卒業だけはした。卒業式は出ないで、どてらを着て卒業証書をもらいに行ったのね、彼は。

その頃から夜の清掃作業や代行運転をやっていたのかな。高校を卒業したばっかりなのに。車の運転なんか初めてなのに。そのころは代行運転って、外車なんかを運転させられていたのね。結構、お金になったらしいよ。昼間は障がい者の介助とかあるから夜働くわけ。

彼の人生、大きく変えちゃたんだね。母親は拝み屋まで行って、「うちの息子はどうなんでしょうか?」って拝んでもらったらしい。「今、息子さんは人生で一番、大きな決断のときを迎えているから何を言っても聞かない」と言われたのだそうです。

## 青い芝の会が解散——あらたな人生の転機

重度の障がい者が自立するには、まわりを巻き込むだけの理論性とエネルギーが必要になる。だからいわきの場合は私以外の障がい者が育たなかったと思います。自立したいというCPの人はいたのだけどね。

そうこうするうち、福島、郡山は作業所をはじめることになります。その頃に青い芝の会が崩壊していくんだよね。

「今まで障がい者は生きていることが労働だって言っていたのに、何で今さら袋張りなんだ?　ちり紙交換なんだ?」って当然私の中ではなるわけ。だって私はそれまで縫い物の仕事をやってたわけだよね。そうやっても自立はできない。障がい者として社会を変えるってなったのに、「何でリサイクルショップとちり紙交換になって、それで社会を変えていくことになっちゃうの?」って疑問でしたね。

だから私は作業所はやらないって決めました。その頃、匡と一緒になるってことを決めていました。

一緒になったとき、彼は十九歳です。私と一緒になるとき、「大丈夫だ。オレはお金持ってから」て言うんです。だから「いくら持ってんの?」って聞いたら、「大丈夫、二〜三カ月暮らせる」って言うのよ。二十〜三十万持ってるのかな、五十〜六十万円、持ってるのかなと想像したの。

「そのお金はどこにあんの?」

「ウン、辞書に挟んである」

「エッ! 見せてみい」

あっ、そうそう。その前に「結婚のお祝いに何も買ってやってないから何がほしい?」って聞かれたの。それで「圧力釜がほしい」。玄米を炊くときに必要だから……。

「圧力釜の一つや二つ、買ってやるよ」

買いに行ったら、三万五千円したんです。あの当時だから、十分に高いよ。

「うちの母親にも玄米を食べさせたいから、二つ買ってくれる?」って言ったら、「いいよ!」って言うんだよね。

でも七万円くらいしか持っていなかったんだね。圧力釜二つ買ったら何も残んないよね。彼の頭の中ではそれで二〜三カ月暮らせると思ってたのだね。彼は当時、そういう生活をしていたんだね。親からも勘当同然に「出ていけ！」って言われて、家を出ているから。高校卒業して就職しなかったから。

夜は清掃の仕事や代行運転の仕事をやりながら、昼間は障がい者の運動に関わっていた。それですごく安い、月見荘っていう月五千円くらいのアパートで、共同トイレ、共同炊事みたいなところで暮らしていた。ご飯を炊いて、おかずは納豆。そういう生活だから七万もあれば、二〜三カ月暮らせると考えたのだね。

## この頃、水害に遭いました

私たち、一緒になってから水害に遭ってるんです。百姓になる前。いわきにいるころ、安い家を借りてたのです。そこが川の土手より低いところだった。一九七九年だと思うのですけど、すごい水が来たときがあったのですよ。そのとき彼は、夜のお掃除の仕事をしていたのですよ。

私は寝ていました。電話が鳴ったんですよ。それでクッションから降りようとしたら、足がズブズブって水の中に沈むんです。もうすでに、川から水があふれていたのね。

電話が水の中で鳴ってんの。

「もしもし」

「絹江ちゃん、あんたらのところ水、大丈夫なの?」

「ダメみたい……」

私はぶ厚いクッションに布団を敷いて寝ていたから、水が来たのが分かんなかったのです。もとは何かの事務所で、結構広いところを安く借りていました。近くに新川という川が流れていて、そこだけまわりより少し低いところだったのね。

「あんた、寝る前、どうだったの?」

「大丈夫だったよ。水は玄関まで来て、チャポチャポしてたくらい」

「あんた、それは水があふれたってことだから起こさなきゃだめじゃない!」

匡は、夜中の二時、三時に帰ってくるわけです。帰ってきたときには、玄関に水が来てたの。彼は、まだ大丈夫と思って寝たというのよ。朝の六時か七時ころに水の中で電話がなって初めて分かったのです。

隣の人が、こっちに荷物を運んでいいというので、とにかく荷物を運ぶことになって、彼が荷物を持って出たら、水が胸のあたりまで来てました。こりゃだめだ。荷物より、まず命を運ばないと。それで彼が私を負ぶって隣の家まで避難しました。そのとき、友だちが消防団の救命ボートで私を助けに来てくれました。「絹江さん！　大丈夫か！」って助けに来てくれたのです。床上一メートルの浸水でした。

## 「農業をやりたい」と匡が言いました

青い芝の会解散となった頃、匡は日本一周を考えていたのです。「あんた日本一周して帰ってきて何をやるの？」って聞いたら「そこまで考えていない」。「それを考えないとしょうないっぺ」って言ったら、「人を蹴落とす仕事じゃなくて、自分のやることが人の幸せになるようなそういう仕事に就きたい」って言ったのですね。それじゃ百姓しかないとなったわけ。

それで私たちは、最初、いわきで土地探しをしたのです。なかなかなくてね。匡は高校の終わりから髪の毛を伸ばしていたから、それをカールなんかしていた。それで私を車に乗せて家のないような山の中に入って行くわけ。道路がヌルヌルになっているようなところへ行くわけです。そうすると車がつっぺちゃう（すべっちゃう）。

いわきに古殿《ふるどの》町っていうところがあるのですけど、そこへ行ったとき、やっぱりつっぺちゃって、彼が近所の人に助けを求めに行ったの。

**吉田強君**
福島県立郡山養護学校同窓生。白石君や橋本君が地域で生活を始めるときの支援をしたキーパーソン。

「車がつっぺちゃって助けてください」って言いに行ったら、「なんでこんなとこさいるんだ?」。

こういうわけで農地を探しているんだって言ったら、「今どき、百姓をやりたいのは怪しいな」。「お前は一人で来たのか」と言われて、「いやいや、女房と来たんです」って言った。ライトバンの後ろをカパッと開けたら、小さいのが座っているわけです。障がい者と片方は髪が長い若い男。その人に幼女誘拐みたいに思われたらしい。

私たち二人を見ながら、「お前ら本当に農業をやるつもりか?」「どうもお前らは怪しい。警察に知らせる」と言われてしまいました。「怪しくないです」と必死に説得して車を引っ張りあげてもらいました。「お前ら赤軍派か?」と言われたこともあります。そういうことが何度かあった。一度ではないんだな。

土地を探してもなかなか見つからない。そりゃ、髪の毛の長い男とこんなちっこい障がい者の女が言うのだから信用されないのは無理もない。

結局、土地が見つからないから、後輩の吉田強君*にそのことを話したら、「船引で喫茶店をやる人を探している。まずそこで喫茶店をやって、土地で知り合いを作ってみたらどうだ」と助言されて、一九八一年に船引に行ったんだね。

船引の駅と役所の間に「ミネルバの里」という喫茶店が空いてるからやってみないか、

ということになんです。

彼は白石君や橋本君が自立するときにキーパーソンになってくれた人。軽度の障がい者です。自分で自立生活ができた人です。彼が先にアパートを借りて生活をしていた。そこへ白石君たちがころがりこんでいたのだね。彼がご飯つくりも介助もやってくれていた。

## 匡がライブハウスのマスターに

突然、匡は喫茶店のマスターになっちゃったの。それもライブハウス。船引の駅の近く。その店を一年くらいやりました。

そのころはまだ船引町。合併して田村市になる前。二万四千人くらいの町だった。その店は役場通りに面していたから赤字にはならなかったのですよ。売り上げも月三十万円くらいはありました。半分は手元に残るから十分生活ができましたよ。住むとこは家賃が月五千円くらいの町営住宅。三部屋もあった。古い家だけどね。

お客さんが言うの。「マスターの淹《い》れるコーヒーは美味しいね。何年くらいやってんの？」。匡は「いや、こんど初めてです」。笑い話みたいだね。

その店は　実はジャズ喫茶なんですよ。いつもジャズを流していたの。あとライブもやっていました。だから南正人なんかが来ていました。ライブは三回ぐらい開いたな。他にあんまり知らない関西の女の人とか来ました。

## 念願の百姓生活スタート

喫茶店をやりながら、休みの日に農業をやるための家と土地探しをやっていました。一年少し過ぎた頃、葛尾《かつらお》村のそばに土地が見つかりました。移《うつし》というところです。

次の年の四月に引っ越して農業を始めました。最初、そこには電気がきていなかったのです。電信柱を十本くらい下から上げないとこない。百万円くらいかかると言われました。そのとき彼はまだ二十歳だもん。お金もっていないよ。だから電気なしの生活を始めることになりました。

二人とも百姓をやったことがなかったから。種も袋に書いてあるとおりに蒔くことくらいしか分からなかったもの。「若い」という字は「バカ」という字を書くのね。何にも知らずに、よくやったと思います。電気がないなら、暗くなれば寝ればいいのだ。お日様が上れば、起きればいい。そんなふうに考えていました。

私はとても貧乏なうちに生まれたから、明日のコメのない生活はできないとすごく思っていたのですよ。母親はいつも米びつを斜めにして残りを量っていました。おコメがすくえないような生活をしていたから、貧乏はいやだなと思っていました。体の中に染み付いた貧しいことへの悲しさというか切なさ、恐れみたいなものがあるんだね。

しかし、それでもそういうふうになったらなったで暮らしていけるんだって気持ちも私の中にあったんだ。彼と一緒になって、愛があれば大丈夫じゃないのみたいなところがあったのだね。

あのころ、私の障がい者年金が月三万円くらいありました。だから最初は、そのお金で灯油を買ったり、おコメを買ったりしていました。他の現金収入は、冬になると彼は、山の下草刈りに出て一日三千円の日当をもらったりして、いろいろとやって現金を得ていました。

最初、レタスを蒔いたのです。だから食卓は、レタスのみそ汁、レタスの漬物、レタスのおひたし、全部、レタス。

隣の人に「鈴木さん、これなんだい?」って聞かれて、

「レタスです」

「初めて百姓をやる人はハイカラなもの植えるんだな。オレなんかレタスなんてスーパーのしか食ったことないべ」

「欲しかったらどうぞ」

それで根っこごと引っこ抜いてあげたの。そのおじちゃんが植えなおしたら丸々したレタスになっていました。プロの百姓は違うなと思いました。

だから最初のうちは食べるので精いっぱい。電気がない生活、ランプ生活です。畑も猫の額ほどしか貸してくれない。大家さんは私たちの本気度を試していたんだね。土地を貸してくれた方は、その一帯の農地を持っているのだけど。昔の開拓農家なんだね。だから一町一反が仕切りらしい。戦後の開拓農家はおんなじだけの土地を持っているのさ。家は貸しても農地はそんなに貸さないんだな。それだけ農地に対する思い入れがあるんだ。

## 入植して……山火事を起こしました

とにかく早く種を蒔いて、作物を作らないと食べるものがないんだよね。藤つるとかがいっぱいで耕せない土地だから、それを切って耕して、また根っこを取っていく。そうすると畑がつるでいっぱいになるんだよ。

彼はそれを燃やしてしまうことにしたんだな。それで火事を起こしてしまった。私たち、四月に入ったのに、五月に火事を起こした。大変な騒ぎになった。もちろん、消防車も来ました。春の火ってね、火が見えないの。冬の間に乾燥してるじゃないですか。うちらの畑の後ろは杉山。冬の間に下草を刈ったり、杉っぱを落としたりしていたのです。杉っぱってすごく燃えるんですよ。

彼は気をつけてやっていたのだけど。見えない火がすうっと走っていったんだね。杉山に入っていたんだ。燃えた燃えた。本当によく燃えました。

彼が顔を真っ赤にして水をバケツで掛けるのだけど、全然、消えない。ズタ袋を水で濡らして、火を抑えようとした。でも間に合わない。それで電話したの。電話だけはあったの。電気はないけど黒電話があったのですよ。電話線は来てたのね。まず一一〇番に掛けました。

「すいません、今、火事が起きてしまいました！」

「あんた、ここは警察だから、一一九番に掛けないとだめじゃないの！」って言われました。慌てていたのだね、私も。それで一一九番に掛け直したの。それで消防車が来るのだけど、うちへの道はすごい山の中で車が入んないの。片方はガケ。片方は山。消防

車は少し大きいじゃないですか。途中からは上がれない。ホースを背負って消防の人が、

「おくさん、水は出んのかい！」

「実は水もないんです！」

毎日、うちの人が乳缶で下の井戸まで水を汲みに行っていました。それをいつも二つ持って下から汲んでいたのね。その水を使ってご飯炊いたり、お風呂を沸かしたり、洗濯をしたりしてたのです。

消防士が背負うタイプの消火器で消そうしたのだけれど、それでは間に合わない。消防団は来る、隣組は来る。消防団が下のほうで「はあ、はあ」言うんだよ。火事場が遠くって。うちの人が「頑張ってください。頑張ってください」って真剣な顔して言うの。議員も来てね。隣組は「おにぎりだ！」って炊き出しが始まっちゃってね。私のすぐそばで、議員が警察官と話してるんです。

「こりゃ、川内村で何町歩か燃えたとき、自衛隊のヘリを出したけど、ここでもヘリを呼ばなんないのじゃないか？」って話しているのです。

私は、もうこれは一生、借金。それを返していく人生になっていくんじゃないのか。ものすごくショックでした。

そして消えたの。私らの家の裏から少しで山のテッペンだったの。その裏側には民家

があった。それが燃えたらと考えたら目も当てられない。もう私は「すいません、すいません」と言うしかなくて、もう真っ青。

彼なんか、何回も火のそばまで消火に水を運んでから、顔は焼けてるの、真っ赤。私もちっちゃい体をさらにちっちゃくして……。

しかし、山のテッペンで火が止まった。

## 火事を起こして同情された？

私ら怒られるとばかり思っていました。

「あれだべ、あんなとこで杉っぱを落として片付けないで置いておくからいけなんだべ」って集まって来ている人たちが言ってるんです。みんな、私たちのことを同情してくれてるんです。引っ越して来たばっかりなのにね。謝り方の態度がよかったって褒めてくれるのです。

「あんたたちくらいだぞ。火事を起こして褒められるんのは。火事で名前を上げたのは」って隣組の人に言われた。それを言ってくれたのが村上周平さん*。

「本当だったら、酒一升もって隣組、一軒一軒、謝んなくちゃいけないんだぞ」

**村上周平さん**
故人。福島県の有機農業の先駆者として田村市で長年、営農。エゴマの栽培で有名。その息子が真平さん。農業を継ぐが後に海外ＮＧＯのディレクターとしてバングラデシュほか、アジア、アフリカで農業の指導を経験。東日本大震災時、飯館村で農業を営む。その後、避難。三重県で農業を再開。

でもお金がなくて、一升瓶を十本も買えなかったのです。しょうがないから石鹸を持って、一軒一軒、「すいません、すいません」って謝って回りました。「春の火は見えないからな」「大沼さんがあそこに杉っぱを出したままにしってからいけなんだよな」ってみなさん、同情的に見てくれました。

だから本当は火事で新聞記事になるはずだったのだけど、大沼さんは被害届を出さなかったのです。だからボヤで済んだの。私らの名前は出なかった。

あとから警察が聞き取りに来たとき、「大沼さんの好意で火事にはしなかったから。ちゃんと謝りに行くんだぞ」って言われました。だから大沼さんとこへは酒を持って謝りに行きました。

## 火事で地域に受け入れてもらえました

自分たちの理想の生活空間を作りたいというので山の中に入ったのです。だからうちらの考えには、あまり田舎の人間とは付き合わずみたいなところがありました。でも彼も私も火事で隣近所の人たちにお世話になったわけですよ。それからは村の行事なんかには積極的に出て、村にも貢献する。村にも助けてもらう。そういう関係性を大切にするようになりました。でも隣組十軒といっても車がないと簡単には回れない、そんな部落でした。その後から私たちにもお葬式のお知らせがくるようになりました。

「どこそこのだれだれが亡くなったので知らせに来た」とか言われるわけですよ。「何日の何時からあれだから来てくなんしょ」と言われるわけです。何をしゃべってるのか方言がきつくて分からないの。

それで匡もその葬式に行くと言うわけよ。

「あんた、だれが亡くなったか知ってんの?」

「わかんね」

「どこ行けばいいか分かってんの?」

「わかんね」

「あんた、黒服着てるけどどうするの?」

「誰か黒服着ている人について行けばいいべ」

隣近所では最初のうちは冠婚葬祭にも混ぜないでと話していたらしいけど、火事のおかげで隣近所との付き合いができるようになりました。

隣組に入ると彼は一番若いほうになる。六尺といって、墓掘りをさせられるのです。

私らが住みだしたころはまだ移の地区は土葬だったのですよ。

あのへんの人たちが一人前になれるかどうかは、葬式が仕切れるかどうか。「おめえなんか、一人前でねえべ、半人前のくせに」と言われるのは、つまり葬式が一つの判断基準になっているのです。

うちの人なんかは一番若いし、よそ者だし、だから、だれも一番やりたくない六尺なわけですよ。

穴掘りにもかくしゃくとしたじっちゃんがついてくれる。

「そんな掘り方ではだめだべ」「そっちを掘ると去年、死んだばあさまが出てくっから、あと三〇センチほどずらして掘れ」とか言われるわけ。何年前に誰が亡くなって、どのへんに埋まっているか分かっているじっちゃんがいるんだな。おかげで彼は穴掘りが得意です。

## 三年目で何とか農業で食べられるように

農業で食べられるようになったのは、三年目くらいからだね。とにかくニワトリを平飼いしました。最初、十羽くらいから。それから百羽くらいをひよこから育て、卵を産ませました。最終的に三百羽までやりました。

ニワトリは品種改良で最初の一、二年で人生の九〇％くらいの卵を産んでしまうのですね。でも本当のニワトリって十五年くらいは、卵を産むらしいのです。うちらは肉を食べないから、どうすっぺとなるのですよね。他の人たちは、産まなくなるとすぽん、すぽんと首を落として肉を売る。それで私たちは老鶏ホームを作ることにしました。でも最初の百羽は隣近所におふれを出しました。タダであげますって。そしたらうちもうちもとすぐに引き取ってくれました。

「鈴木さんとこのニワトリはいいえさ、やってから、美味いど」「これで出汁とって、うどん食ったらこたえらんないぞ」って好評でした。

二年くらい卵を産ませると産まなくなるのだね。本で知ってしばらくエサを与えなくすると若返るんです。強制換羽っていうのだけど。そんなこともやりました。

## いろんな人が訪ねてきました

私らが喫茶店をやってときに周平さんが突然、訪ねてきて、「あんたちは百姓やりたいんだって」「じゃこの卵食え」って。あの人は気前がいいんだよ。くず卵だけど五十個く

**武藤類子さん**
現在、福島原発告訴団団長。養護学校教諭を早期退職し、里山喫茶「きらら」を開店。

らいボーンと置いて行きました。周平さんはいろいろ講釈が好きでね。畑で野良仕事をしているより、講釈のほうが長いんじゃないかね。

そのうち変わった人がいるというので息子の村上真平が遊びに来るようになりました。自分ちでご飯食べるよりうちでご飯食べるほうが多いくらいになったのです。

ランプ生活なのに一年間に三百人くらいの友だちが来たんだよ。彼が日記をつけて、今日は三人、一人とか。その中に武藤類ちゃん*もいました。

二、三年経ったら、農業で食べられるようになったのです。それで一九八五年にインド、ネパールへ行くんですよ。

一九八一年に船引でジャズ喫茶。八二年の春から移に入って農業。二、三年やって、ボチボチ食べられるようになったころ、スイス人のきょうだいがうちに三カ月ほど居候したのですよ。その人たちから世界中を回っている放浪の旅の話を聞いて、匡が「インドへ行ってみたいね」って言うから「行ってみようか」ってインドへ行ったのね。

最初、真平ちゃんがバングラデシュでNGOのディレクターをやっていたので、まず彼のところで一カ月。それからインドで三カ月。ネパールで一カ月。それからアメリカへ飛んだんだね。ほんとはアメリカで少し稼いで、オーストラリアへ飛ぶはずだったのです。途中でうちの母親の調子が悪くなって「帰って来い」ってなったから、それで帰ってきました。

そのうち電気法が変わって電気が通るようになったのです。うちの娘が産まれる少し前だから、八九年、八八年くらいかな。だから八年くらいは、電気なしで生活をしてたね。でも発電機を持っていたから、一リットルくらいガソリンを入れると二時間くらいもつのね。だから一週間に一回だけ、ガソリンを入れて、洗濯をし、冷蔵庫に電気を入れて、氷を作り、そしてテレビを見るわけ。刑事コロンボとか洋画を見るわけ。ガソリンを満杯いれたら、犯人が分かるところまで見れるんだけど、だいたい途中でフンワ、フンワとなってテレビが切れてしまいます。当時は私も動けたから、料理をしたりしていました。うどんやパンを手作りしたり、圧力釜をだるまストーブに掛けたりしていました。

郡山に養護学校の頃の先生たちや消費者になってくれた人たちに無農薬の野菜や卵を届けていました。だから週に一回は配達に出ていました。また、東京の消費者に送ったりして現金を得ていました。だいたい五十種類くらいは野菜を作っていたよね。春の菜っ葉からカブ、ブロッコリー、カリフラワー、トマト、白菜、キャベツ、キュウリからいろいろ無農薬で作りました。

## 移で出会った人たち

移へ買い物に行くと近所の人が「鈴木さん、今日は町に買い物に行ってきたの？」って聞くのです。いわきに住んでいたから、私の感覚だと町じゃないんですよ、移は。「町には行ってないですよ」。町ってのは郡山とかいわきとかだと思ってたから。「移へ買い物にいってきたんですよ」って言ったら、「あれは町っていうんだぞい」って言われた。

むかし、地元を回る観光バスみたいなのがあって、船引の人たちが移に来るんです。「いやあ、おら、あんな山ん中では暮らせね」って言うのを聞いて、私、プッと笑っちゃった。船引も移も変わらないのにね。戦前、移は一つの財閥の土地だったの。それが農地解放でみんなに分配されたのです。だから土地の人にすれば、移は移で独立した町の感覚なのです。

私たちが、入った頃はまだ桑をやっていました。お蚕さまだね。それと和牛だね。でも蚕はあっという間になくなりましたね。あとはタバコだね。岩手県と船引がタバコの全国一位、二位を争っていたと聞いたことがあります。

船引なんかは山の中にあるから、一枚一枚の田んぼが小さい。会津みたいに一町歩の田んぼがドンとあるのではなくて、小さい田んぼが段々になっている。ある人なんか「おら、会社行く前に田んぼやってくんだぞい」。その人の一枚の田んぼは跨げるくらいの幅しかない。そういう狭い田んぼなんだね。山へ入っていくほど小さな田んぼがあります。やっぱり貧しいから稲泥棒とかよくあるらしい。稲をはぜ掛けして、乾燥させるでしょ。暗くなってから自分のとこにつけ変えちまう。それでもみんな犯人を知っているわけ。ほんで「今年は何束、盗むんだい」と言われたりすんだ。部落ってのは面白いなと思う。そういう人をはじかないで、一緒にいるんだね。

## ただ兄《あん》ちゃんとよしこさん

うちの隣には知的障がい者の年配の夫婦がいたんですよ。ダンナは千円札でタバコが何個買えるか、知っていた。お釣りは来ることは分かっていた。奥さんは赤い銭、白い銭としか分からない。赤い銭というのは十円玉。白い銭というのは、百円玉もしくは一円玉。地域の誰かと誰かが会わせたのだと思う。それで子どもが生まれないように避妊手術もしていたと思う。隣近所が面倒見ながら暮らしているんだね。

ダンナはただ兄ちゃん。奥さんはよしこさん。うちらは新参者。そして私は障がい者。

うちらのことをバカにしに来るのよ。そのただ兄ちゃんはうちが無農薬だってことを知ってるんだね。それで匡はそのころ、タバコ吸ってたから。

「無農薬だってのにタバコ吸ってたらしょうがないんでないの」。多分、隣近所が言ってんだよ。それを彼が聞いてて、うちらをイジメに来んだね。

匡は百姓が楽しくてしょうがないから、暑いときにフンドシ一丁で野良仕事をしてたときがあって、「いやあ、フンドシで百姓やんのは珍しいぞい」っていろいろ言いながら通っていくんだね。ただ兄ちゃんは車がないから、歩いて店に味噌とかしょう油とか買いに行くんだね。

よしこさんもたまに来るの。私が洗濯をやってるときに来て、

「鈴木さん、洗濯をやったのか?」

「そうだよ」

「雪、降るべ」

真夏の七月に言うのね。

「何で?」

「このへんでは洗濯すると雪降るって言うんだぞい」

彼女たちは、水は沢から汲んでいたからそう頻繁に洗濯ができなかったの。だから一

年に一～二回くらいしか洗濯をやんなかったんだね。手洗いで洗濯していた。だからシーツとか何から何まで真っ黒なの。

だから洗濯をやると近所の人に「こりゃ、雪降るべ！」って冷やかされていたんだ。洗濯すると雪が降るというのが、彼女の中で関連づけて覚えているんだね。

よしこさんは作物を作るのがすごく上手でナスだろうがキュウリだろうが自前の種を取って植えてるんだよ。それでうちなんかでもたまに上手に作物ができるじゃないですか。そうすると「その種ほしいな」とか言ってくるのね。うちらが買う種はＦ１なわけ。だから次は同じか分からない。でも見栄えのいいのに気が行くんだね。

## 手紙出しとけ！

ただ兄ちゃんは冬になると出稼ぎに行くの。近所の人たちは、まとまって出稼ぎに行くから、その頭数に入れてもらっていたのだね。そんなに仕事はできないけど、連れて行ってくれるんだ。それなりにお金になる。

ある年、三月いっぱいで帰ってくるという約束で出かけていくのだけど、四月になって畑や田んぼが始まるのになかなか帰ってこないの。それでよしこさんが心配して、私んとこ来て、「おめ、手紙書け」。敬語の使い方とか分かんないの。いつもダンナに命令形で言われているから。

「誰に？」

「ただ兄ちゃんに」

これは手紙を書いてほしいんだなと分かったのね。

「何て書くの？」

「『早く帰って来《こ》。四月だぞ。種まくぞ』早く書け。出しとけな」

「エッ？　何で私が……。『書いてちょうだい』だべ？　よしこさんが出すんだよ」

「うん、出しとけ」

こういう会話なのね。

まだ寒い二月か三月のころ、彼がその家に回覧板を届けに行ったら、玄関が開いていたんだって。玄関からドーンと電信柱が出ていたってんだよ。

ただ兄ちゃんってのはあんまり働かないんだよね。電信柱を薪にしていいともらったのだけど、切りもしないし、割りもしないでそのまま囲炉裏に放り込んでる。切ってないからそのまま玄関から電子柱が出てんの。

火事になりそうだけど、それがなかなか燃えないの。電信柱だからコールタールとかが染み込んでいるから、燃やすと臭いや煙が大変。それで猫なんかもしぶい顔してるの。「家の中からモンモンと煙が出てんだよ」ってうちの人が言うのね。だから、ぜひそれは見てみたい。それで私も回覧板を持って見に行ったの。そしたら本当に玄関が閉まってなかった。

それでも人が来たら、よしこさんがちゃんとお茶を出してくれる。お茶を出したらお茶菓子も出さないといけない。そのとき、私は掌に梅干を置かれました。その梅干の上に砂糖がギッチリかかっていました。

## 同じお茶を飲んでくる

うちらがランプ生活なのを知って、ただ兄ちゃんが「電気を使わない」って言うのよ。「何で？　ただ兄ちゃんちは電気は来てるのに電気使わないの？」って聞いたら、「月の明りで何とかなるぞい」って答えていたよ。家の前には街灯が付いていたのです。

「街灯があるから大丈夫」

廊下に出て街灯の明かりで晩御飯を食ってたんだ。「鈴木さんちでもランプなんだからおらんちではもっとできる」って言ってね。いやあ、つましいというか。

でも隣近所がそれなりに気を使って、一日三千円にしかなんないけど、下草刈りには必ずただ兄ちゃんを入れてあげるのだね。

ただ兄ちゃんってのは、横に倒れたものを縦にもしないじっちゃまだったんだよ。ある冬、大雪の重みで表にある便所が壊れたことがありました。匡が回覧板を届けに行って「ただ兄ちゃん、回覧板だぞ」って声を掛けたら、「おーそこへ置いとけ」って家の中じゃなくて、どこか違うところから声がするの。よく見ると傘が見えるんだね。「何やってんだ」って言ったら、「今、糞タレてんだ」って返事するのよ。トイレが倒れたら倒れっぱなし。雨降ってたから、傘さして野糞をタレてんだって。

隣近所で順番に花見をやってたんです。持ち回りでね。だからただ兄ちゃんちも飛ばさないでやるわけさ。ただ兄ちゃんたちは家の前の沢から水を汲んできてお茶を入れたり、ご飯を炊いたりするのだね。近所の人たちはよく知ってっから誰も飲まないの。だから、ただ兄ちゃんがうちに来たとき、お茶を出したら、「このへんは客にはカンのお茶出さなければなんないのだぞい」って言うわけさ。

「何で?」って聞いたら、「このへんの人は急須ではお茶を飲まないんだぞい」。

つまり、ただ兄ちゃんちへ行ったときは誰もお茶を飲まないのさ。沢水は子どもたちが上流の方でおしっこしたり、牛の足洗ったりしてっから。誰も彼らのところでは飲まない。だから近所の人が言ってんだね。「カンやペットボトルで買っておかないとダメだぞ」って教えてのね。

匡は「飲んでくる。よしこちゃんもただ兄ちゃんも病気にならないで生きているんだから」と。

## 権利の狭間がありました

あるとき、税金取りが来て、私に「隣の人は税金を払ってないけど、どう思う」って聞きにきたの。

「いや、税金を払う前に生活保護を取るべきだって」って答えたのですよ。二人には、生活保護という権利があることも分かっていなかった。

とても税金なんか取れるところじゃなくて、むしろ生活保護の申請をやってやんなきゃなんない。役所の人もようやく気がついて、それで生活保護が取れるようになったのです。生活保護をもらえるようになって、だいぶん生活は改善されたようです。電気こたつも入ったし、水道も引いたらいいべとなったようです。

近所には朝鮮出身の人もいたよ。新聞配達をやってるおじちゃんとおばちゃんだった。そこもバラックみたいな家でね。家が傾いているの。つっかえ棒が当ててあったんだ。私たちが引っ越したときは二本ですよ。それがそのうち三本になって、四本になって、それでもどんどん傾いてきた。そのうち玄関が閉まらなくなった。だから玄関は鍵をかけずに開けたまま出かけてるんだ。そのうち近所の人たちが、このままだと地震が来たら、倒れて死んじゃうかもしんないから、みんなでお金を出し合って家を建ててやっぺとなったのです。

もう一軒、印象に残る夫婦がいました。ダンナを出稼ぎに行かせて仕送りはしっかりさせているんだね。その会社が倒産してダンナが帰ってきたら、家から追い出した人がいた。そのダンナ、働けなくなっちゃったから奥さんに捨てられちゃったんだよ。だから東京へ行ってカートをひっぱって歩く人たちになっちゃった。隣近所の人が「それはないべ。今まであんたの生活を支えてきたんだから」って意見して連れ戻したのだね。そのダンナはもう七十歳を越えていたからね。奥さんはダンナをイジメてね、玄関先で寝させてたんだよね。奥さんのほうが先に亡くなっちゃったけどね。

隣近所を回るのには車がないと一日仕事なのに、こんな話はすぐ分かるんだよね。京都はこんなに近いところに人がいるのに相手の生活が見えないですよね。福島で仲良くなるのは「うちにご飯食べに来っせ」って言うのがひとつにツールだと思うのだけど、京都の人たちは決してそういうことは言わないね。

## 娘が産まれました

一九九〇年に娘を授かりました。娘が産まれたころ、電気が通っていました。その娘が二〇一四年末に孫を産みました。私は孫を持つ人生になるとは思いもよりませんでした。だいたい自分が結婚できるとは思ってもいませんでしたし、まさか子どもが産まれるとは思ってもいなかった。

私は二〇〇〇年まで生きているとは思っていなかったから。二〇〇〇年、娘が十歳のときに船引の町に下りてきました。だから農業は十八年やりました。前半はランプの生活。後半は娘の子育て。

匡のお母さんはよく来てくれて子育てを手伝ってくれた。新しい服を買ってくれてね。私なんかは皆のリサイクルでいいと思っていたのだけど。うちの母はそのときには脳動脈瘤破裂で倒れていたのかな。夏が十歳のときに亡くなったんだな。

一九九四年から障がい者運動を再開して、その頃、事務所を船引の町に持ちました。だから最初は移から通っていました。娘は学校が終わるとバスで船引まで来ていました。うちの子は自立が早かったのです。あのあたりはバスは走ってるけど、誰も乗っていないんだ。運転手も客が少ないから、乗る人に声を掛けてくるんだ。

うちの子は人懐っこくて、「おかあさん、今日、バスの運転手が『美味しいパンあるけど食べっけ』ってもらったんだよ」「運転手さんのおばちゃんはパン作りがうまいんだって。今度、教えてやっからおいでって言われた」。

移の小学校は家から二キロくらい。むかしだからスクールバスもない時代。一番、遠い子は四キロ歩いて来るのだから。

最初のうちは心配でね。「車が来たら道の端に寄るんだよ」って言ってました。でも移には信号は一カ所しかなかったのです。うちの子が小学校に通っていたころは、近所に五～六人は子どもがいました。その子たちと一緒に通学していました。

次にあげる散文は、もう二十数年前のものです。二〇一三年十月に私たちがフクシマから避難するために片付けをしていた引っ越し荷物の中に入っていたノートに書かれていました。

もうフクシマは、イチゴを洗わずに食べることなどできなくなりました。ドングリをポケットいっぱいに拾い、土いじりをさせてあげることに、戸惑いを感じる親も多いでしょう。何と大切なものを失ってしまったのか。

この春、娘夫婦は子どものためにイチゴの苗を買ってきたと話していました。
放射能よ、噴かないでおくれと願わずにはいられません。悲しみを胸に秘めて。

## 夏ものがたり　その一

鈴木絹江

「タンポポ！　タンポポ！　タンポポ！」
娘の夏がはしゃぎながら、タンポポの綿毛を飛ばしている。春を告げにやっと咲いた花なのに、無邪気にも引きちぎられ、夏の手の中でしおれてしまう。それでも、また春を告げにタンポポは咲き、夏の手の中におさまりきれずにいる。

いつもこの頃から、夏と二人散歩を日課としている。スミレや山ツツジ、山吹、山桜、あんず、藤、野かんぞう、山百合 etc. とその合間にも、山には何やら名も知れないたくさんの花や匂いに、私たちはひかれるように山道を歩く。

一歳三カ月の頃より、この山道を散歩道にしている夏は、はじめ私の手に引かれ、やっとの思いでついてきたのに、今は私を通り越して、前に行き後ろに戻り、あえぎながら歩いている私の軽く二倍くらいあるいても、まだエネルギーが余り、もっと遠くまで足を延ばしたがっている。

「ゆっくりのほうがいろんなものがよく見えるし、たくさんの出会いがあるのよ」などと、まだ二歳の娘に分かるはずのないせりふをはきながら、林の中の甘い香りに足を止め、敷き詰められた落ち葉にごろんと寝転んだりして娘の興味を引き寄せている。

「お母さん。どんぐり！　トトロの好きなどんぐりがあった！」

そこここに転がっているどんぐりを次々にひろい集めて、自分のポケットをパンパンにふくらませ、ついには私のポケットにまで入れようとしている。

私たちの住んでいる天王山は、その昔、どんぐりの木がたくさんあった山だったらしい。すると、やはりトトロは一度くらい立ち寄った山かもしれない。

「ねぇ、トトロに会えるかな？」と娘はアニメの中のめいちゃんのように私にたずねた。次の私のセリフは決まっていた。

あのお父さんが言ったように「運がよければ、ねっ！」

## 夏ものがたり　その二

鈴木絹江

今日、カボチャの種をまいた。

このところ、種まきラッシュで次々といろんな種をまいている。

ほうれん草、小松菜、ラディッシュ、カブ、にんじん、大根 etc と露地に（畑に）

直接まくものはお父さんにまかせ、私はポットまきに精を出している。

ポットというと、農にたずさわったことのない人には、お湯を入れる象印のポットをイメージするだろうが、そのポットとは似ても似つかぬ、どちらかというと卵を入れるパックの形に似ている。


卵パックを広げて、そのデコボコが一六〜二五個くらいある四角いパック……これが育苗用のポットである。他に植木鉢の形に似せた黒いナイロンのポットもある。これらのポットに床土といって、種から苗になる間に必要な養分のある土を入れる。

その一つひとつに指で穴をあけ、種をおいていく。ふるいにかけた細かい腐植土をその上にかけ、少し平らにならしてやる。あとは水をかけ、芽の出るのをじっと待つ。


その一連の作業をじっと見ていた娘は、「なちゅもやるぅ〜。なちゅもできる。なちゅも種まきしたい！」と身体をはずませて、種をせがんでいる。

はじめは、花の種など、何かのおまけについてきたものをあずけ、娘用のポット、シャベル、土で遊んでいた。ポットに土を入れ、いっぱい入っている所と、全然入っていない所があり、指で穴をあけ、種をドボドボと気前よくおとし、その土の上をならす。手つきは私にそっくりの形をまねている。

「いや〜夏ちゃんの種まきは、本格的だない。その穴のあけ方など、このへんの子どもでねえとできねえ。よぐ見てるんだな〜」と裏山の木を切り出しに来ているじいさんが感心していく。

じょうろで水をまくと「なちゅのもやって！」と自分のポットを指差して私を引っ張っていく。

娘が大切に育てているので、私たちがちょっと足場にじゃまなのでずらしたりすると「なちゅの大事、大事なんだから、どけてダメ！」と大変な剣幕で叱られる。

なかなか芽の出ないポットに娘は次々に穴をあけ、次々と花の種を重ねてまいている。

それでも変化に足りない娘は、タンポポをとってきて咲かせてみせ、間引いた野菜の苗をさしてみたり、麦の穂や時には鉛筆などがさしてある。目まぐるしく変わる娘のポットから花の芽が出るには、もう少し時間がかかりそうだ。

おまけの花の種が品切れになった頃、かぼちゃの種をまく時期になった。「え〜っとこれが錦芳香で、これが東京栗かぼちゃで……」と選別している私の脇で、自分の出番はいつかいつかと待っている娘の目は異様に輝いている。すばやく種を奪われて、「あ〜っ！　夏！　あっそれは〜っ！　わあ〜」と私は悲鳴に近い声をあげながら、数えていた粒数を忘れてしまっていた。

こんな調子で種まきをしているので、ある時はキャベツとブロッコリーとカリフラワーのポットが混乱してしまった。何せこの三つは同じナタネ科なので、種の形が同じで初期の育成も見分けがつかない。「まぁ、実のなる頃にはわかるじゃろ……」と、お父さんにありがたくも当たり前すぎる答えをいただきながら、私は深いため息をついた。「ふうっ……」

「カ・ボ・チャ・の・種・を・ま・き・ま・し・た！　芽が出てふくらんで♪　花が咲いて♪　実がなった」娘は上機嫌でかぼちゃの種をポットに入れている。農家に育った子どもたちがいやいや農作業を手伝わされて、百姓嫌いになってしまう昨今に、楽しくて仕方ない種まきの遊びをいつまでもいつまでも続けられる、そんな百姓でありたいね、なつ。

## 夏ものがたり　その三

鈴木絹江

露地のイチゴが最盛期を向かえ、娘は大喜びで畑に出てくる。

赤く色づいた畑の中で、もぎたてのイチゴを洗わずに食べるのは本当においしい。無農薬だからこそできる醍醐味といってよい。

「これも食べていい?」「もう一コ食べていい?」とたずねながら、娘は次々とイチゴをほおばり、口や手を真っ赤に染めている。

娘の喜ぶ顔が見たくて増やしたイチゴ畑である。昨年のうちに父さんが、どっぷりと堆肥を入れてくれてある。年内の堆肥で花の数、つまり実の数が決まり、春一番の追肥で花の大きさ、つまり実の大きさが決まる。

あまりいい苗でなかったが、それでも元肥がきいたのか、たくさんの実をつけてくれた。今年はイチゴジャムも少し作ってみようかと思っているのだが、娘の食べっぷりは当分ジャムのほうへ回せそうもない勢いである。

娘は畑との付き合いを小さい頃（今もまだ二歳なので、十分幼いが……）から教えられているので、いろんなことに注意しながら遊んでいる。

イチゴはお尻が赤くなった物を食べるとか、種をまいた所は歩かない。定植した苗をのぼらない。必ず畑の畦やへりを歩くようにしている。

ある時、あんまり脇を歩きすぎて土手から転げ落ちてしまったこともある。

我が家の畑は、ほとんど山の傾斜地にあるので段々畑になっている。

除草剤を使ったことのない畑や土手は草やらこぼれ落ちた種やらで大にぎわいである。こぼれ落ちた麦の穂さえ、娘はのぼらないよう注意し、判断に迷う時は「ここ歩いていいの？」と必ず聞く。

「そこは歩いていいよ」

「どうしてこの草はのぼっていいの？」

「雑草だからいいのよ」

「どうして雑草だといいの?」

この頃、この手の質問が多くなってきた。「野菜は大事大事にしなくちゃね」とか「花にはやさしくしてあげてね」とか教えているのに、人間に食されることなく雑草と呼ばれている草はのぼっていいという、人間のエゴをどう説明したらいいのか、考えあぐねてしまっている。

「この草は食べれないの?」

「これは、はこべといって食べれるのよ」

「これは?」

「これはフキノトウ」

「これは?」

「つくし」「たんぽぽ」と次々と春の山菜の名を覚えていった娘は、町の大人たちが顔負けするほど、山や畑との付き合いを知っている。

「これはなあに?」と一本の穂を出している。

「それは小麦」

「パンになるの？」

「そうよ、よく知っているね、夏」

「どうやってパンになるの？」

「小麦を粉にしてパンを作るの」

「どうやって粉にするの？」

「う〜んと……」製粉する過程を説明するには難しいし……。

「あのね、父さんがいつもコーヒーの豆をゴリゴリとやっているでしょう？　あれと同じく、小麦をゴリゴリとやって粉にするのよ」

「ふう〜ん、小麦さんかわいそう……」

「どうして？」

「だってゴリゴリやったら痛いからかわいそう。ゴリゴリやらないで、母ちゃん」と娘が言う。

小麦に身を置くことのできる子どもの優しさに触れて、人は本当にいろんな植物の命をいただいていることを思い知らされる。

暑い畑の中にいると「カッコウ、カッコウ」と聞こえてきた。まるで一陣の風に吹かれたようなさわやかさに思わず手を休め、聞き惚れてしまう。

カッコウの涼しげな声を全身に浴びようとして目を閉じ、鼻をひくつかせていると、「母ちゃんどうしたの?」と口を真っ赤に染めた娘が不思議そうに見ている。我に返った私は、娘からイチゴをもらいほおばった。「う〜ん、うまい!!」

## 障がい者運動を再開しました

一九八一年に船引町に引っ越しました。その年は国際障害者年。船引には私の後輩で嫁に来ている障がい者が何人も住んでいました。視覚障がい者の夫婦もいました。そんな女性の障がい者を中心に茶話会をやっていたのです。

そこで「船引は制度が全然ないね」って言い合っていました。私はいわきも進んでいるとは全然思っていなかったが、それでもタクシー券程度はありました。ところが船引は何にもないんだよ。手話通訳派遣事業もなかったんだよね。

おんなが集まって愚痴話ばっかりじゃなくて、制度を勉強して提言していこうということで始まったのが、福祉のまちづくりの会。それが自立生活運動に変わっていく。

**桑名敦子さん**
福島県出身。鈴木さんの養護学校の後輩。アメリカに渡って障害者自立運動を知る。

**長谷川秀雄さん**
いわき自立生活センター理事長。若いころから障害者運動に関わる。

一九八一年からアメリカで自立生活運動が本格的に始まるのです。そのとき、白石君は日米セミナーに参加している。神奈川では街づくり運動とかが進められていました。

一九九〇年頃に白石君が神奈川から郡山へ帰って来たんだ。彼が郡山へ帰ってくると制度は何にも進んでいない。それで郡山で運動を進めていくのです。

帰ってきたのはいいけど、郡山の街が何も変っていない。むかしのままで運動も沈滞している。行政も遅れている。運動を起こさないといけない。それでむかしの仲間がまた集まって相談を始めたのね。

私も月に一回、子連れで出かけていろいろ話をするようになった。白石君はアメリカの八〇年代の自立生活運動をよく知っていたから、福島県に作ろうという流れになってきたのです。

## 自立生活運動を切り開いた福島の障がい者

ここでキーパーソンになるのが桑名敦子さん。* 彼女は福島大学に入りたかったのだけど、受験はさせるが入学はさせてくれないと言われたのです。優秀な子なのに入学をさせない。それで長谷川秀雄さん* たちが中心になって運動に取り組んでいました。そのあと、福島のクリスチャン系の短大に進学する。そこを卒業したとき遊歩に「アメリカの自立生活運動を勉強してきたら」と勧められて、ミスタードーナツの奨学金の第一期生でアメリカに行ったのです。

そこでマイケル・ウインター*と知り合うのです。結婚後、カリフォルニア大学バークレー校を受験し合格するでしょ。彼女は卒業のときに成績で十本の指に入ったんだよ。だからすごく優秀なのよ。福大に入れなかったのは学校がバカなんだ。その優秀さにほれ込んだのがマイケル・ウインター。それで結婚した。それが福島県に自立生活運動を広めるきっかけにつながっていくのです。

そのころ、当時の佐藤栄佐久知事がアメリカで桑名敦子やマイケル・ウインターと話をして、「障がい者が自立していくなら福島県としても支援しなくては」と考えるようになったのね。それで全国で初めて自立生活運動にお金がでるようになった。でも一事業体に三百万円くらい。職員一人分のお金でしかないけどね。

そこに私も加わり、九四年から自立生活センターを立ち上げたのです。それまではみんなは作業所をやっていた。だから郡山や福島はそこがセンターの母体になりました。でも私は作業所はやっていませんでした。自立生活運動を知ったときに、これこそ障がい者の運動としてやっていくものだと考えたのです。

**マイケル・ウインター**
シカゴ生まれ。アメリカの障害者運動のリーダー。一九八四年、桑名敦子さんと結婚。二〇一三年七月死去。

県と交渉したときに「三百万円では職員一人分の給料です。何とかならないですか？」って聞いたのです。障がい者が自立するためには、障がい者にもお金を出さないといけないじゃないですか。そうじゃないと障がい者の自立にはなんないでしょ。

県の担当者は「障がい者は生活保護でやってくのかな」と思っていたというのです。それでは自立にはなんないでしょう、という話し合いをしたことを覚えています。それが一九九四年のことです。福島県としては、名前の違う作業所みたいな感覚だったと思います。その少し前に郡山で車いす全国大会がありました。その流れが自立生活運動の一つの大きな流れを作るきっかけにはなりました。

相談支援事業に一五〇〇万円の助成金が付く制度がありました。九〇年代の初めころから出ました。それを郡山だけではなくて、ＦＩＬ（福島県自立生活運動協議会）っていうのがあるのですが、そのメンバーを雇って、それで福島県全体の障がい者運動を作っていける事務局体制を作れって提案したのですがね。でもそういう具合には行かなった。

それでもようやく自立生活センターには三百万円が出るようになったわけです。ＩＬセンターが福島、郡山、いわき、田村。そして会津と作られていきました。それで今度は介護事業所のほうがどんどん大きくなってきました。

郡山、福島、いわきと事業所ができるのだけど、船引（田村市）にも私たちが作るのですね。三つの街は福島県では大きな町。何で船引みたいな小さな町で自立生活センターができたのか。それは「鈴木さんがいたからだべ」って言われました。やる気があれば、できるのですね。障がい者は全国どこにでもいるわけだから。

その頃から農業との二束のわらじを履いてるのが大変になってきていました。私らの住んでいるところから郡山に行くとなると片道一時間くらいかかりますから。

## 障がい者が地域で生きていく

助成金は最初、三百万円しか出なかった。事務所の建物を紹介してくれた議員さんが「安い給料でやってくれるのはあんたらくらいしかいないべ」ということで私たちが活動の事務局を引き受けることになりました。

介護事業が始まってからようやく事業化できるようになりました。それまでは、人件費一人分と家賃を払うの精いっぱい。

生活保護の他人介護料を使って自立を図ったり、介助システムを起動させる。ヘルパーの資格も何もない。高校生から始めて、ジャガイモの皮むきから教える。ヘルパー資格をとって社会福祉協議会へ自薦登録。船引の役所にしたら奇想天外な話。そういう方法でやっている事業体が全国にはある。そんなことから役所に教えなくてはいけない。

あるとき役所の人に言われたことがあります。

「なんであんたらこんな制度の整ってないとこさ、来たんだべ」

「もっと制度のととのっているとこのほうがいいべ」

私たちが制度を開発していったのです。一九九六年ころの話です。

こないだ（二〇一五年）船引に帰って、新しくなった役所へ行ったのです。知り合いの職員が言ってました。

「絹江さんたちが来た頃は、船引は福祉なんてまったく考えていなかった。今は二〇年前から考えると障がい者が地域で生活していくことを考えるようになったね」

私は、京都に避難したわけですが、船引で生きて死んでいくという選択肢もありました。でも青い芝の会の運動に出合ったときに思ったことは、障がいを持つ人の権利を主張する。そしてその義務を果たすということはちゃんと自分の生を全うすることだ。最期まで与えられた命を大切にしながら、社会に貢献しながら生きていく。私はあのまま福島にいたら、緩慢なる自殺に向かっていくことになる。そんな気分になったのです。国策によって放射能が撒き散らされて、今までは一ミリシーベルトだったのが、二〇ミリシーベルトでも大丈夫だというサギまがいの国。

私の思っていること、大事にしていること、それは生まれてきてよかったなと思う生き方をしたい。自分がどういう環境、肉体であっても生まれてきてよかった。生きてきてよかったと思いたい。感謝をして最期を終わりたいな。人を恨んで死にたくないなと思っています。それは東電や国に対しても同じです。彼らとも話し合い、何が問題なのかきちんと向き合っていきたい。私は誰に対しても言っていく、そういう自分でありたい。誰かの責任にして自分の一生が終わっていくのは嫌だなと思っています。福島にいると東電と国の思惑に振り回されて、どんどん心と体が萎えていく。原発の事故に直面したときに、残された生命をどのように使っていくか。どのような社会を手渡していくのか、究極の選択をしました。そこで福島の現状を伝えていくことのほうが大事だと思いました。

**私のふるさと**

パラ、パラ、パラとふりかけのように
　私の頭のうえに　ご飯のうえに　飲み水のうえにも
　　ホウシャノウはふりかかる

私の娘のうえにも
　隣の生まれたばかりの赤ん坊のうえにも
　　パラ、パラ、パラと見えないふりかけが飛んでくる

東北の三月は　いまだ冬
　しんしんと降る雪の中にも
　地吹雪を起こす突風の中にも
　雪に変わりそうな冷たい雨の中にも
　ホウシャノウはしっかりと入っている

あの日から、
　我が家の庭では、黒いトンボは孵化《ふか》しなくなった
　ツバメは、巣から飛び立たずに死んでいた
　女郎蜘蛛は、その巣を張りに来ない
　渡り鳥はめっきり　その数を減らした

フクシマは確実に、小さな命から消えている
誰かが責任を取ることもなく
誰かが罪を償うでもなく
確実にフクシマは殺され続けている

一番安心する自分の居場所が、
一番危険な場所になっていく恐怖を
あなたは……あなたには、理解できますか?

こんなに美しいフクシマ
私のふるさとなのに……

私たちは、その地に戻れと言い、そこで暮らせと言い、
病に倒れても「おれは知らぬ!」という国悪の中に居る。

――2012年5月　フクシマの自宅にて

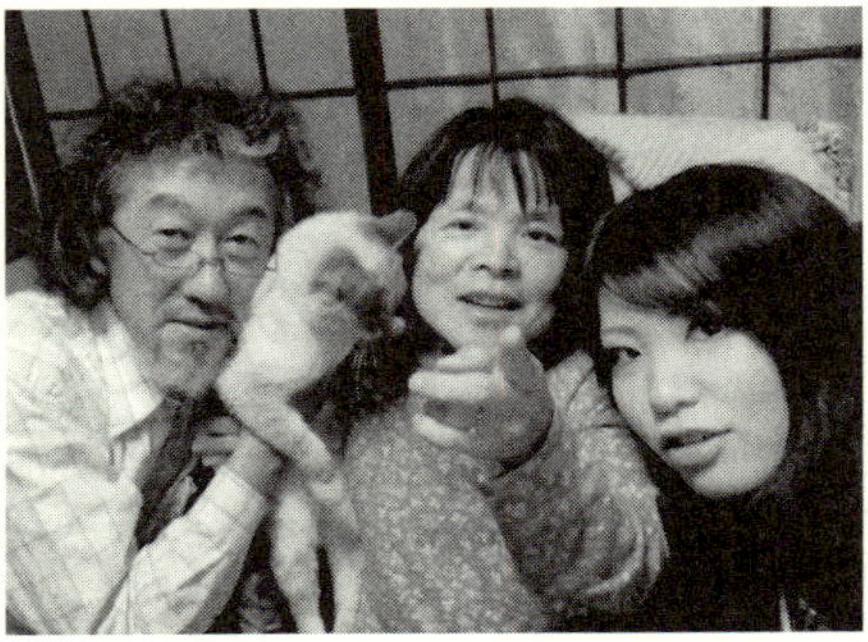

## 私には夢がある

私には、夢がある
テーブルの真ん中には、愛の花を活けて
国や県の人たちとひざを交えて
これからのフクシマを
これからの日本を語り合う夢がある

私には、夢がある
廃炉に携わるその人たちは、最も尊敬され
十分な報酬と休息が与えられ
人権に基づいた健康と命を大切にされる

私には、夢がある
際限なく降り注ぐ放射能という悪があろうとも

私たちは、コツコツと生き抜いていく
決して侮らず、慎重にその生き場所を確保して
十分に吟味された食べ物と空間の中で必ず勝利を手にする。

私には、夢がある
フクシマを守り抜いた子どもたちと避難した希望の子どもたちが
種をまき、新しいフクシマを作っていく夢である
未来の子どもたちが幸せの中で収穫し、分かち合い、足ることを知るとき
それが、たとえ100年、200年先で
あろうとも
私は風に乗って、そこに立ち合うだろう

私には、夢がある
100年前に原発を止めてくれたから
今、私たちはとても幸せに生きています。
エネルギーはすべて自然の恵みにより与

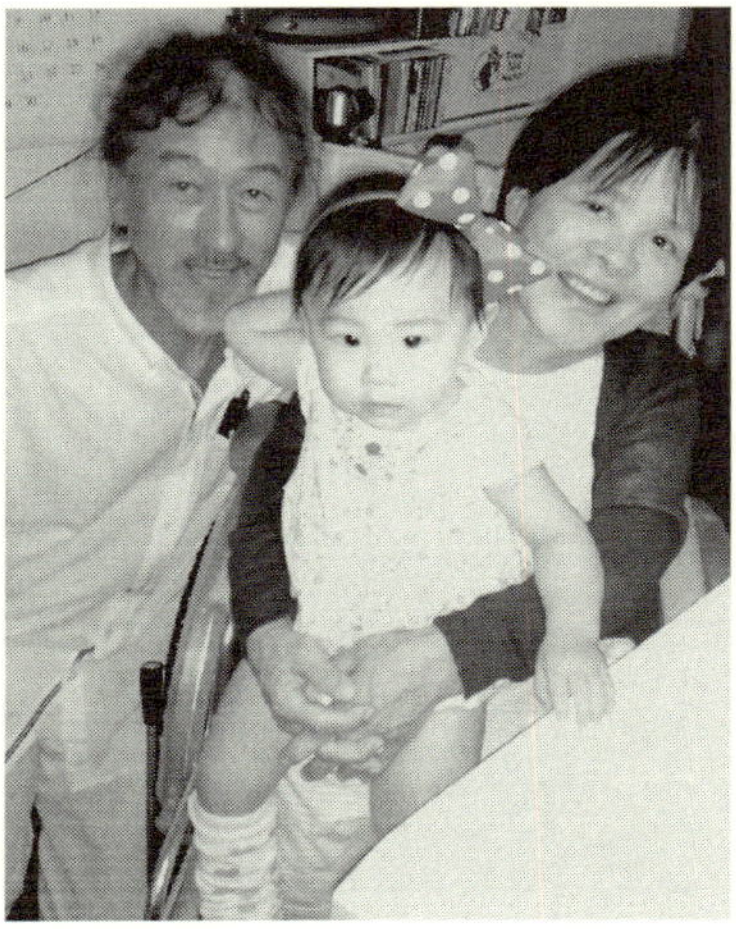

えられ
長い年月がかかりましたが、廃炉への道筋も見えてきました。
私たちの今の幸せは、皆さんが諦めず、闘い、あらがい、正してくれた贈り物です
私たちの故郷は、緑豊かに　その川に魚が戻り、
その空は、本当の空になりました。
この美しい故郷に、あれから七代先の子が生まれようとしています。

私には、夢がある
失って初めて手にする夢である
哀しくもあり、しかし、絶望の中で見つけた希望でもある
弱虫な私ではあるけれど、決して一人ではない
とても大切な、とてもステキな夢がある。

――2015年8月11日　川内原発再稼働の眠れぬ夜につくる

# 第二部　障がい者にとっての原発防災

## 原発震災を考える――障害者の避難という課題から

## 福島は地震、津波、そして放射能に汚染されました

二〇一一年三月十一日。大震災。本当にたくさんのことが起きました。私がすべてのことを知っているわけではありませんし、最良の答えを持っているわけではありません。私が体験したこと見聞きしたことを、そしてまわりのみなさんから教えてもらったことをお話ししたいと思います。

私は福島県田村市で障がいを持つ人の自立生活支援の介助事業に取り組んできました。二〇一一年の東日本を襲った大震災。そしてそれに続く原発事故。最初、正確な情報は入ってきませんでした。そのなかで、避難する人にも留まる人にも支援するという苦しい決断を事業所としてしました。

私がここにいれるのは、四十年近く前に脱原発の集会に参加して、たった二つのことを覚えていたからです。一つは原発が爆発したら八〇キロ以上逃げなさい。もう一つは死の灰は十万年もたってもなくならない。

そして今、現在に至っています。

他の東北の二県とは違って、福島県は地震、津波という自然災害から原発事故という人災まで起こってしまいました。原発事故さえなかったら福島は、一番早い復興になっていたのではないかと思います。

そして原発事故はまだ終わっていません。現在進行形です。この原発事故の結果、私たちの日本という国や社会のあり方、個人の生き方があぶりだされてきています。これからどう生きていくのか。私たちは自分の命が終わった後もどのような社会を手渡していくのか、考えなくてはいけないのだと思います。

## 三重の災害に見舞われたフクシマ

東日本大震災で起こったこと、私の中で大事なことだと思えることをまとめてみました。

一つは、複合災害が起きたということです。地震があって津波が来て、原発事故が起こったのです。三重の災害が重なりました。本当に悪いことは重なるものだと今回のことで分かりました。

二番目は支援者も被災する。今までは、被災する人は少なくて、支援者はたくさんいる。

しかし、今回は要支援者もみんな災害に遭い被災しました。そして原発事故では、誰から避難させるのかがとても重要になってきます。私たちのところでは、まず妊婦の避難。子どもとその家族。そして要支援者。介助者とともに避難する。さらに介助者にも家族がいます。ここで障がいを持つ自分たちだけが避難するのではなくて、自分が避難しなければ、介助者も避難できないという現実にぶつかりました。

三番目には広域避難になったということです。大雨とか津波とかは、その地域からちょっと離れればよかったのですが、原発事故というのは八〇キロメートル以上の避難が必要です。

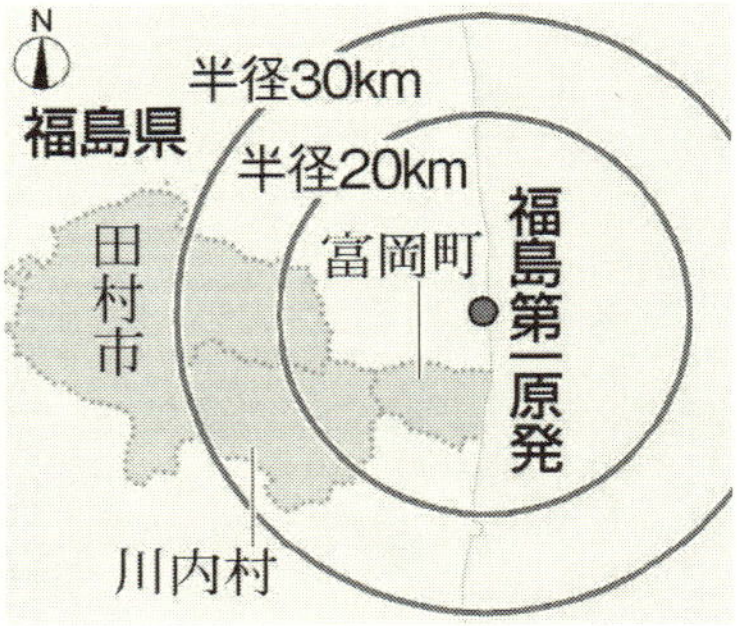


この八〇キロメートルというのは、なんて中途半端な数字だろうとずっと思っていました。それは広島、長崎の原爆の本当のデータをアメリカが持っていて、五〇マイルという数字を決めていたのです。それがキロメートルに換算すると約八〇キロメートルになるのです。

福島県ではライフラインの喪失がありました。電気も止まり、水道、ガスも止まり、ガソリンもなくなりました。食糧、医療も受けられなくなりました。ガソリンがなくなりますと広域避難の八〇キロメートルは無理です。歩いて逃げられる距離ではありません。

だから車になるのです。
私たちの田村市というのは田舎です。バスだって電車だって一時間に一本程度しか通らない。そういう田舎です。だからみんな車の移動になります。ところがガソリンがないということは避難もできない。電気、水道は数カ月喪失しましたから、その日から生活に困った。原発事故は放射能も降ってきますから、エアコンも付けられない。外気を入れることができない。今のストーブはファンヒーターですので、電気を使わないと動かないですね。田舎にはやかんを乗せられるストーブがありますが、あれがとっても役にたちました。あれがあった人は暖を取れたのです。ない人は寒い思いをしました。
そして四番目は、放射能汚染の広範な被害で食糧が入ってこなかったのです。郡山まではトラックが来ましたけど、そこでトラックの運転手が降りてしまって、これ以上はいけない、放射能で被曝するのでトラックでいけないと運転手が降りてしまったのです。そこから原発のあるところまでは四〇キロ、五〇キロです。誰が持っていくの。誰も行かないと。そういう状態になったのですね。
エレベーターも止まりました。エレベーターは震度3以上の揺れがあると自動的に三時間止まるように設定されています。私たちの住んでいるところは、平屋ですからそんなことはなかったのですが、郡山やいわきにはマンションやビルで働いている人、住んでいる人がたくさんいます。そういう状態の中にい続けた人がたくさんいます。だから車いすの人は、階下に降りられないという状態が続いたそうです。

病院は七二時間で退院させられたそうです。三日間です。だから緊急患者が優先されました。入院していた人でも軽い人はどんどん退院させられました。私たちの仲間の方で自立生活センターの関係者の方が三月十一日、たまたま手術の日でした。ちょっとお腹を開く手術を予定していました。本当なら二週間ほど入院していなくてはいけないのですが、退院させられて自宅療養になりました。予後が悪くて亡くなりました。このような方は災害関連死に含まれていません。ＡＬＳ（筋萎縮性側索硬化症）患者の方も地震で家の中ががたがたになり、家族が面倒をみられないので入院を希望して一週間だけＯＫになったそうです。

ところが緊急患者がたくさん病院に舞い込んでいますから自宅にいるより手厚い介護が受けられない。看護師さんは病院の中を忙しく飛びまわっていました。そして医者と看護師が次々と避難をしていました。そういう状態でした。

## 災害が起こると障がい者が見えなくなります

五番目に地域崩壊の危機があります。本当に国も県や市の自治体も大変な状態でした。私たちの地域は原発から二〇キロメートルから四五キロメートルのところです。市役所は隣の三春町に近いところにありましたから、原発から四〇キロメートルくらいです。富岡町や浪江町の海沿いの人たちが津波でやられたので、そこの人たちが田村市にドンドンドンドン避難してきました。その人たちを受け入れるためにてんやわんやしていました。だから役所の人たちは障がいを持った人のところへは駆けつけられませんでした。

次に情報ですが、当時浪江町の住民は原発の事故、そして避難をテレビで知るのです。そんな状態でした。国がちゃんと情報を伝達する状態になっていませんでした。本当は情報を伝えるマニュアルはありました。しかし、実態はそうなっていませんでした。浪江の町長さんも自分たちが避難しなくてはならないことをテレビで見て知ります。それで避難を呼びかけたのです。

三月十一日以降、Ｓｐｅｅｄｉ《スピーディ》の情報は福島県には届いていました。届いていたのに生かされなかった。本当に隠されてしまった情報になってしまいました。いろんな町長さん、市長さんがいらしたのですが、原発、放射能に対しては本当に無知でした。だから国が一〇〇ミリシーベルトまで大丈夫と言えば大丈夫だとなるのです。それから勉強した方は、子どもさんの健康を考えたりするようになります。が、首長さんも放射能については無知でした。本当にこれからは勉強しなくてはいけません。

## 行政、警察、消防よりお隣さん

みなさんは、こういうときは警察や消防が自分たちのところへ来るのじゃないかと考えると思いますが、停電になると警察は交通整理のほうに行ってしまいます。私たちの田村市にパトカーが全国から来ました。走っている車は白黒のパトカーか迷彩色の自衛隊の車両でした。「あぁ、こうやって戦争は、始まっていくのか」と思えるほど不気味で怖かったです。日本には四十万人の自衛隊の隊員さんがいるそうです。そのうち二十万人が東北の支援に動いたそうです。そのうち十万人が福島の原発に派遣されたそうです。

二〇キロ圏内の人をどんどん説得して圏外に避難させなくてはならないとなりました。この二〇キロ圏内は強制避難です。二〇キロ圏内の人たちのところに自衛隊が入ったのです。そして多くの自衛隊員がフクイチ（福島第一原子力発電所）に投入されたと聞いています。

救急車も来てくれなかったという話を聞きます。原発から二〇キロのところに都路《みやこじ》という地区があります。ここに寝たきりのおじいさんがいました。おばあさんと二人暮らしでした。おばあさんは、避難しなくてはならないと思ったそうです。だから救急車を頼んだのですが「そんな放射能の降るところにうちの救急車をやることはできない」と言われたそうです。それでおばあさんは「どうしたらいいんですか?」と聞いたら、「役所にでも電話したらどうだ」と言われたそうです。それで役所に電話したらずうっと話し中。つまり電話での対応もできなくなるということが行政側にはあるということです。

それでお二人は困ってしまいました。田舎には消防団というのがありますから、隣組の人がライトバンに布団ごと乗せていってくれたそうです。

## 福島での現実は……

私たちのところでも正しい情報を得ることが本当に困難でした。あふれるばかりの情報の中で私たちは生きていますが、原発事故では、放射能の状況はどうなのか。どっちへ逃げればいいのか。本当のことが分かりませんでした。政府や東電の情報は後だしジャンケンでした。「直ちに影響はないから、留まってください」という情報が多かったです。

地震のあと、浜通りには三十分後に津波が来たのです。そのあとに原発が爆発しました。私はテレビを持っていませんでした。見ていなかったのです。だから一号機が爆発したのを知らなかった。十二日も分からなかった。十三日になってやっと分かった。

原発事故のときは、誰とどこに何を使って避難するのか、それが重要です。一時避難なのか。それともこれで移住するのか。短期間の間に苦しい選択を迫られます。福島県は浜通り、中通り、会津地方に分かれます。私たちの田村市は中通りに位置していて、岩山が多い地域でした。だから地盤は安定しています。地震で建物の倒壊はほとんどありませんでした。私のいたところは停電も断水も少なくて、インフラの被害の少ないところでした。だからみんなはテレビも見られましたし、水も飲めるという状態でした。津波の被災者を受け入れる側でした。

しかし原発事故で、私のところは、四〇キロメートル離れているのですが、避難するかどうするか、すごく深刻に選択を迫られました。誰とどこへどこまで避難するのか。それが大切なことです。最初は昭和村というところに避難しました。新潟の自立生活センターの方がアパートを探してくれていました。新潟のみなさんは私たちがそこへ移住するだろうと思っていたようです。私たちはそうではなかった。緊急に避難してきたけれど、そのまま移住するまでは考えていませんでした。そんなにすぐにはいろいろなことを決められなかったのです。

福島県には五カ所の自立生活センターがありました。そのうち会津地方以外の四カ所の事業所ではいろんなことがありました。例えば郡山の自立生活センターは、地震でみなさん避難したのです。それは自分の家にいると危ないということで、市内の福祉センターを開放してもらって避難しました。一般の避難所には行っていません。

しかし、原発事故では自立生活センター関係の郡山の人たちは避難しませんでした。それはなぜかというと、放射能被害の理解が進まなかったのだと思います。放射能は目に見えないし、臭いもしない、だから理解することが難しいと思います。家族や本人に反対があるとなかなか避難に結びつきませんでした。福島の自立生活センターは避難者を受け入れていました。そういう状態でした。事業所ではアパート経営もしていましたから、そこへ浜通りから避難した人たちを受け入れていました。

このＩＬセンターがあった渡利《わたり》地区はとっても放射能が高い地区でした。この原発事故では利用者、介助者、十数人が避難をしています。ここには中手聖一君*という脱原発

*中手聖一君
震災、原発事故当時、ＩＬセンター福島で障がい者介助に従事。現在札幌市在住。県外避難、避難者の権利擁護を訴える。

運動に関わった人がいて、原発の知識を持っていたのが大きく貢献していたと思います。もちろん残った方もいます。

私たちの事業所へは単身の障がい者が避難してきました。その人は三、四十年前の住宅に住んでいましたから、ひとりでいるのは危ない。田村地区で昼間は介護があるのですが、夜はひとりで暮らしている方が多いのです。地震の最初は一日に何十回となくぐらぐら揺れました。田村市に避難して来た方々の中には高齢者、障がい者の方もいる。

私のところでは、生活介護をやっていましたから、役所へ行って「入浴サービスもできますから、どうぞ来てください」と伝えました。役所の人は「ハイ」と言いましたが、その後、何の連絡もない。それほど役所は混乱していました。

## とりあえず新潟へ避難しました

原発事故で私は、すぐに事業所の休業の決断をしました。それは私自身、チェルノブイリ事故を知っていましたし、私たちの事業所の中にも脱原発運動をしていた方がいました。原発が爆発するということはどういうことかをみんなで話し合いました。さらに私たちの事業所には妊婦さんが三人いました。この三人と子どものいる人たちを避難させて、事業所として避難を決断し、単身生活をしている障がい者三人と私、そして介助者を含めて十二人で避難しました。それ以外の人たちは家族のもとに帰って、家族とともに避難してくださいと伝えました。ただ方角を見ないで避難した人たちもいて、郡山へ避難したケースがあります。郡山は放射能の汚染が高い地域でした。

いわきの自立支援センターは、津波で利用者が一名、亡くなっています。『逃げ遅れた人々』という映画にも出てきますが、その彼は海にとても近いところに住んでいました。地震が起きて、津波が来たのが三十分後です。車で迎へに行くのに十五分。逃げるのに十五分かかるわけです。時間を考えないと、助けに行った人も津波に巻き込まれます。本当に誰が助けにいくのか。一分一秒を争うところです。大きな地震が起こった場合、海の近くの人はとにかく逃げる。何も持たずに逃げる。それが大切なことかなと思います。

いわきは、医療物資が入らなくなってきました。看護師さんも来られなくなりました。そこで、東京へ集団避難しました。彼らは十九日に避難しました。しかし、そのころプルーム（放射能を含んだ雲）は東京方面を飛んでいました。ヨウ素が降っている時期に避難したことになりますね。

私は十四日に避難を決断しました。それは天気予報で十五日に雨が降ると言っていました。私は、広島の黒い雨のことを憶えていました。雨にあたってはいけないと十四日中に、夜遅くですが避難したのです。これが結果的に私たちは雨にあたらずに済んだのです。

避難先を東京にするか、西にするか。西だと新潟方面です。すごく悩んだのですが、まず風向きを考え、そして電気がないと動かない災害に弱い大都市よりも西を選択しました。いろんな人の知識を集めて、いい方向に行きました。それで、私たち事業所の人たちは、原発事故の最悪の事態をかすめて避難していたことになりました。

## それぞれの思いを大切に――事業所を再開しました

そして三月の二十四、二十五、二十六日あたりになってくると、田村市に残った介助者たちが「事業所をやるんですか?」「このまま閉鎖ですか?」と連絡してきました。私は、福島では放射能が降り続けているわけですから、事業所は解散の決断もやむなしかなと腹の中では考えていました。ところが残ったヘルパーさんたちから、「ここにこのまま留まって生きていきたい」という声が上がりました。会議を開いて、事業所を四月から再開することを決断しました。そのときに「避難する人にも留まる人にも支援するぞ」と決断しました。

うちの事業所も原発事故後、利用者と介助者七名が避難していなくなりました。これは本当に一人ひとり究極の選択ですから、一人ひとりの間に分断がないようにしました。残る、残らない、批判することなしにそれぞれが究極の選択なのだというところを理解しながら、一人ひとりが決断したのです。だからうちの事業所では、避難した先で避難した人が「何か手伝えることがあれば言ってください」と連絡をくれます。おコメやジャガイモを送ってくれたりします。両方、支援すると言わないと避難した人が戻りづらい。他の地域ではあるヘルパーさんは、戻ってきても福祉の現場には戻れないというケースもあったと聞きました。苦しい選択ですが、差別や分断を招かない選択をしていく。事業所に問われる選択だと思います。

日常の中でもさまざまな選択を迫られました。避難するのかしないのか。マスクをするのかしないのか。福島の食べ物を食べるのか。水は飲めるのか。大丈夫なのか。役所や東電にもの申していくのか。黙って言われたことだけを守っていくのか。保養をするのかしないのか。洗濯物を外に干すのか干さないのか。本当に日常の些細なことがらですが、選択を迫られました。

四月に田村市に戻って私はあるとき、一人のヘルパーさんに買い物を頼んだのです。「県内の野菜、卵は買ってこないでね。県外のものをお願います」と頼んだのです。そしたら「何で福島のものを買わないんですか。何で福島のものを食べないんですか。どういうわけですか！」と怒り出したのです。「私はあなたのところに入りたくありません」というふうにヘルパーに言われました。「私は福島で生きていくうえでの最大限の防御をしていく必要がある」「私はここで命を終えるわけにはいかないんだ」と説明をしようとしたのですが、「あなたのところには入りたくない！」と怒りぷんぷんでした。

これはヘルパーさんが悪いのか、私が悪いのか。これはどっちも悪くないのです。彼女は退職金をはたいて土地を求めて福島で生活をしていこうとした人です。とても福島の土地を愛して、福島の野菜や肉を購入して生活をしていこうとした人です。原発事故で民宿をやっていたのですが、それがどんどんできなくなってくる。放射能を測定してやっていこうとしたのですが、それも難しくなってきたのです。そんななかで代表者の私が「県内のものは買わないでね」と言ったもんだからカチンときたのですね。そのあたりは理屈ではなくなっているのです。

ヘルパー責任者が「利用者さんが何を食べようがあなたには関係のないことだから、

そんなところで怒らないで。仕事はキチンとしてください」ととりなして、彼女は私のところに入ることになりました。さまざまな日常生活の中で選択を迫られたということです。その後、そのヘルパーはフクシマを去りました。

## 原発に殺された高齢者

双葉病院の例をお話しします。災害にあった場合、とりわけ原発震災に遭遇した場合、移動手段と避難先をどういうふうに確保していくのか。

この病院は原発のすぐそばです。寝たきりの人や胃ろうの処置を受けている人が多数入院していました。その人たちをバスで移動させたのですね。みんないすに座るしかないのです。だから座った段階で血圧が下がって、バスの中で数人亡くなっています。最終的にこの病院では五十名の方が亡くなったことになります。だから移動手段と避難先の確保がとっても大切な課題だと思っています。スクーリニングの問題もありますね。

## 障がい者に伝わらない情報

情報の伝達。文字情報や手話による伝達はほとんどありませんでした。あるろうあ者の方のお話を聞いたのですが、となりの子どもが自分の子どもと幼稚園が一緒だったので、そのお母さんと一緒に避難所へ行くことができた。いろいろと文字に書いてもらったり、手話をしてもらったりして避難できたそうです。それでも種々雑多な情報、例えば放射能の情報とかは分からなかったのですね。だから自分の家に戻りたくて、戻りたくてしかたがなかったそうです。避難所には、手話通訳者はいませんでした。

情報の伝達は、障がい者に対してはどうしても不十分になりがちです。視覚障がいの人たちも「逃げろ！　逃げろ。あっちだ！」と言われても分からないケースもありました。

私が聞いた話ですが、助かったケースでは、知的障がいの方ですが、お母さんといつも一緒に買い物に行っていたそうです。その姿を近所のおじさんが見ていて、いざとなったらあの息子を助けなくてはいけないなと心のどこかで思っていたそうです。それで実際に地震がおこって、津波が来たら、「さあ、逃げるぞ！」とそういうふうにして逃げて助かった。一週間に一回、おかあさんと一緒に買い物に行っていたことが彼らの命を救うことになったのです。

それに外国人に対しても大変情報が不足していました。福島県には農家がたくさんあるのですが、そこへフィリピンからお嫁さんに来ているとか、中国から結婚して来ているとか、いろんな方がいらっしゃったのです。津波が何なのか、「津波だ、逃げろ！」という意味が分からなくて逃げ遅れたという話も聞きました。情報の伝達はとても大事です。だから事前にちゃんと考えておく必要があると思います。

## 障がい者にとっての移動と避難所

移動手段の確保。高速道路は使えなくなります。それから車で移動するのか、徒歩で移動するのか。またみなさんは普通のバスに乗れるのか。どういうバスが迎えにくるのか。この移動手段は考えなくてはならないと思います。

電動車いすでは、災害のとき、電源のないところではただの重い車です。だから手動車いすで避難したほうがいいと思います。やっぱり最終的には人力になります。避難するときは手動の車いす。

原発事故の際には、広域避難になります。だから車での移動になります。徒歩は被曝の危険性があります。福島の場合、大きなバス会社は来てくれなかったそうです。むしろ小さな会社が来てくれました。

私は避難所がどうして学校や体育館なのか、ずっと疑問でした。いつも体育館や公民館に集められる。こういう場所だと強くて早く動けて、車のある人がまず体育館の四隅を埋めていくのですね。どんどんそういう人がいい場所を埋めていって、障がい者や高齢者など遅く行った人は、真ん中や入り口しか空いていないのです。だから障がい者はそういうところへは行けないのです。そういうところへ行くと体を壊す。何で体育館になるのか。それは管理する側の都合です。役所側の発想です。つまり人数の把握とか、食糧や物資の配布に都合がいいわけです。

阪神淡路大震災のときには、教室も開放したそうです。原発事故の際、福島県は教室を開放しなかったそうです。それは阪神淡路大震災のとき、避難者がいつまでもいると授業を再開できなかったという理由です。福島県では教室まで開放しなかったと聞いています。

郡山市にはビックパレットという三千人くらい収容できる施設があります。そこで障がい者のニーズを探し出すということは緊急時には不可能に近いです。いくらバリアフリーであってもそういうところでは、重度の障がい者の方は大変です。そういう場所には避難できない。しかし、もし学校が統合教育になっていれば、先生も生徒も障がい者支援に回れたと思うのですね。日常生活の中で障害者と接していれば分かることも助け合うこともっとあったかと思います。私は今、そう思っています。

福祉避難所の課題は、ハード面だけでなく、いろいろあります。つまり手すりがある、スロープがある、トイレが確かに設備されています。しかしハード面だけで介助者はいないのです。だからあそこへ行っても介助が受けられません。そして絶対数が足りません。障がい者が全員入れるだけの福祉避難所がありません。重度の人たちは、たいてい介護者か家族といますから、だから三家族、十人くらいでいっぱいになります。福祉避難所は限定して入れる人を最初から決めておく必要があると思います。例えば、医療的ケアが必要な人。大人数の人がいるところは困難な自閉症の方とか、最初から決めておく必要があると思います。

一般の避難所はバリアフリーになっていなかったりします。そうなると視覚障がい者や車いす使用の人たち、「あそこへ行くと他の人に迷惑がかかるから、行かない」となるわけです。

避難所では冷たいお弁当が配られるのですね。病人なんかは誤嚥《ごえん》してしまいます。トイレに行くのは大変だから、水分を制限してしまう。暖房がない。だから避難所は避難できない場所になってしまっています。緊迫した状況になると「ここに障がいを持つ人がいます」と言っても、「みんな大変なんだ！」と同一視させられて「お前たちも我慢しろ！」、それでなくても日常の中で我慢してやっと生きているのに、避難所でもっと大きく我慢をさせられます。

## 私たちはどこへ避難したらいいのか

私たちの事業所はホテルとか、旅館を目指したのです。それはなぜかというと、重度の障がい者、病人もそうですが、初期移動が命を左右すると思っています。自分の体を考えたら、板の間に寝たらもう起きられない。避難所へ行けば、体調が悪化すると思ったのですね。避難所へいけない人々。避難所へさえいけない人々。避難所へ行かない人たち。こういう人たちが逃げ遅れる人々になるのです。

では、こういう逃げ遅れる人々がどういう避難所だったら避難する気になるのか。逆転の発想をしてみることが大事かと思います。**冷暖房の設備があること。それとベッドがあるところ。**ベッドがなくて、一週間、二週間も車いすのままいたら体が壊れます。

さっきの双葉病院の高齢者のみなさんも床に毛布を敷いて寝たといいます。「おはようございます」と介助者が布団を上げるたびに毎日、三人、四人と亡くなっていたといいます。

次に**温かい食事サービスのあるところ。**きざみ食への対応の可能なところ。**バリアフリーのトイレのあるところ。**おむつ交換のできるところ。動ける広さのあるところ、つまり個室のあるところ。**慣れた介助者と避難できるところ。**このへんを考えると私はホテルしかないだろうとそういう決断になったのです。だから一番大きなホテルを目指しました。

それで新潟を目指しました。

新潟は中越沖地震の経験がありましたから、どこのホテルでも素泊まり四千円という情報提供をしていました。そうしたらとってもいいホテルを紹介されて、そこへ駆け込んだのです。そのとき、お金があって行ったわけではありません。財布はとってもさみしい状況でした。それでもお金は何とかなると思ったのです、そのときは。無謀でした。

その後、ゆめ風基金*の方から連絡があって、「鈴木さん、今、何が一番ほしいですか？　ガソリンですか？　食糧ですか？　医療物資ですか？」

「お金です」

**ゆめ風基金**
阪神淡路大震災後、被災した障がい者支援を目的に結成された大阪にあるNPO。障がい当事者が運動を牽引。

と即答しました。

私たちが避難した二週間分の費用をゆめ風基金は支援してくれました。それで私たちは三月いっぱい、新潟のホテルにいたのです。その後四月以降は、避難区域の人たちと自主避難の人も含めて、旅館の費用を国と福島県が出した情報がきました。


障がい者のひとつの集団としては百人くらいの避難が限度だと思います。障がい者百人いると介助者を入れて二倍から三倍くらいの集団になります。それだけの人数が集まるのです。これくらいの人数になるとホテルとかを利用したほうが絶対いいと思います。これから福祉避難所を建てるよりずっと効率的だと思います。ホテルだとトイレがあります。お布団もあります。食糧もあります。これだけでも精神的な負担が全然違います。ライフラインの喪失していない八〇キロメートル離れたホテルに避難すること。

あとコーディネーターが必要だと思います。行政とのやり取りとか、家族との介助調整とか、情報の共有化とか。そういうコーディネーターが必要だとは思っています。

介護は個別支援で確保していく。ＤＭＡＴ、災害派遣医療チームというのがありますが、私は今回の震災で災害派遣介護チーム＝ＤＣＡＴというのが必要だと思うようになりました。もうひとつ逆転の発想で利用者宅を登録しておくのです。もちろん放射能や地震の被害がないことが前提ですが。障がいのある人のお家を災害時の物資と人の供給源にしておくのです。

新潟の人たちが探してくれた大きな7LDKの空き家がありました。車いすで入れて、車いすトイレもある。そこを新潟市役所が避難所として指定してくれたのです。そこへお弁当やストーブや毛布を入れて、避難所扱いしてくれたのです。

あとお寺もいいですね。お寺は信者さんから貢物が入るところです。おコメがあります。最近ではバリアフリーのお寺もあります。お寺に避難すると、その日から温かいご飯とみそ汁が食べられます。

人工呼吸器を使っている方は、日常生活の中でバッテリーを使用しておくことが大切かなと思います。一日二時間は必ずバッテリーで呼吸器を動かしておくこと。そうすると利用者もヘルパーも使い方を覚えておくことができます。日ごろやっておかないと緊急時にできません。震災のとき、ALSの人たちはヘリコプターに乗って本当にどきどきしたと言います。だから日ごろからバッテリーを二つ、三つ常備しておくことが大切だと思います。

## 要支援者の避難の課題

私は講演したときに教えられたのですが、要支援者の名簿つくりでは、災害時に助けにこなくていいという人だけを行政は把握してほしい。今の要支援者名は助けに来てほしい人たちに手を挙げてもらうようにしていますが、それではどうしても抜け落ちてしまう人が出てきます。しかし、役所は支援が必要な人たち、例えば一人暮らしの高齢者や知的障がい者や精神障がい者、引きこもりなど障がい者手帳を持っていない人たちの名簿も持っています。だから今までとは違う逆手挙げ方式が必要だと思います。

つまり手を挙げなかった人はすべて助けに来てほしいのだと役所は認識しておくことが必要だと思います。個人情報の開示も災害が起きてから渡していたのでは間に合いません。審査会を開いてから名簿を出しても間に合いません。審査委員も避難して地域にいません。

避難計画を作って、毎年避難訓練をして、公的な機関が毎年情報を更新しておく必要があると思います。公助の役割は大きいと思います。実際に災害が起きたら役所の人は駆けつけられないことが多いものです。だから事前計画をしておいて、市民の人たちが要援護者の人や要支援の人たちを自分たちで助け合う練習をしておけば、役所の人たちが駆けつけられなくてもその人たちは助かるということです。

## 障がいを持つ人たちの屋内退避

三〇キロメートル以上のところも、屋内退避と言われたのです。避難準備区域とか言われてね。自分で責任を持って避難できる人のみが残ることを許されたのです。実際は高齢者や障がい者がたくさん残りました。

私たち田村市も三〇キロメートル以上です。屋内退避と言われたのです。障がいを持つ人にとって屋内退避とはどういうことか。それはヘルパーさんが来ないということです。ヘルパーさんも屋内退避ですから。

一人暮らしの障がい者のところには誰も来ないということになります。つまりそれは餓死することになります。障がいを持つ人たちは三〇キロメートルだろうが四〇キロメートルだろうが避難しなくてはならない。障がいを持つ人が避難したら介助者、その家族も避難することになります。そうなるとたくさんの人の命を救うことになります。そのことも覚えておいてほしいです。また、その逆もあるわけです。

そしてまた、三〇キロメートルというのは、国や東電が勝手に決めた数字であって、三〇キロメートル以上は無害であるということではありません。三〇キロメートルまでしか賠償に応じないという加害者の論理です。風が吹けばどこに放射能が飛んでいくか分からないのに、三〇キロメートルという数字に騙されてはなりません。

## 原発をやめることが最大の防災です

私は、原発事故で放射能汚染に向き合うということは、自分を映し出す鏡に向き合うことだと考えます。原発事故がなかったことにしたいのか？　それまで自分が築き上げてきたものへの思い、地域や仲間たちを捨てて暮らすことができるのかなど考えれば考えるほど、決められないことを決めなければならないことの苦しみと怒りが収まりません。さらに事実を知れば知るほど、政府や東電に対して不信感がふくらみます。

私はこの四年間で五回も救急車で運ばれました。三〇キロあった体重が二三キロまでやせました。

しかし、私は絶望の中にあっても希望を持って生きてゆきたいと思います。希望をみなさんに託して終わりたいと思います。

# 資料

# 『障がいを持つ人の防災提言集』より

障がいを持つ人の防災研究会

## 第1章　緊急時に、どうやって生命を守るか？

災害時に自力での避難が難しい人々は、あらかじめ避難の手段や援助者の確保などの手はずを整えておく必要があります。「きっとだれかが助けに来てくれる」というフワッとした期待では生命を守れません。災害時には、行政や消防といった公的機関も被災しており、通常の行政サービスは極度に低下しています。また福祉介護サービスなども同様です。そこに期待しても無理なのです。

災害時の公助・共助・自助の関係を、私たちは次のように考えます。

災害を防ぐ、被害を減らすといった防災・減災対策を講じることは行政が責任をもって行うべきです（公助）。そしていざ災害が発生し、公助が間に合わない局面では住民の助け合いが大事です（共助）。またそのような住民助け合いを形成していく普段からの取り組み（避難訓練など）は、行政が強力にバックアップしていくべきでしょう。

さてその共助ですが、津波や火事、水害といった、ただちに避難しなければならないケースでは、近所の人たちの助けを借りなければなりません。そのためにも常日頃からの「ご近所付き合い」が肝心です。障がいを持つ方が地域で暮らしていても、どれだけ地域住民との関係を築けていたかがいざという時に運命を左右します。「緊急事態がおきたら駆けつけるから」と言ってくれるご近所さんを数名確保しておきましょう（自助）。

地域の避難計画作りや避難訓練にも積極的に関与していくことも大事です。通常の避難訓練に障がい者の姿を見ることはあまりありません。3・11以前の避難訓練は「行事化」していた（原発事故避難訓練はその典型でした）ことが被害を大きくした要因の一つかもしれません。
避難訓練は災害時要援護者と共に行うことが、本来の姿ではないでしょうか？ このような取り組みをしていた先進的な地域もありました。

「宮城県八幡町では、災害時に要援護者のもとに駆け付ける地域支援者の体制ができていた。その結果、要援護者の登録のあった17件中15件が避難でき命が助かった。今後はこのような地域支援者の体制づくりが全国的に急務だ。」

（「震災・放射能汚染後をどう生きるのか 第3回ふくしまフォーラム」での立木茂雄さん・同志社大学社会学部教授の講演より）

でも問題は、そのような行動を起こす気になれるか？ です。心のどこかに「まさか自分の身にそんな事態が起きるわけない」と思っていると、わざわざ行動を起こす気にはなれないでしょう。水害で避難指示が出されても、実際に避難する人は10％以下だそうです。このような心理を災害心理学では「正常化の偏見」と呼ぶそうです。

「まず、災害心理学でいう『正常化の偏見』が作用することは、洪水に関わらず災害一般に指摘されていることである。平たくいえば、『河川が氾濫しても自分は被害に遭わない』と思ってしまう心理である。この『正常化の偏見』を乗り越えて避難を実行に移すためには、自然災害の現象としての不確実性の理解などに基づく理性的判断が必要になる。」

（『障害者市民防災提言集２０１３年改訂版』認定ＮＰＯ法人ゆめ風基金発行より）

原発も「正常化の偏見」は当てはまります。福島でこのような悲惨なことが起きても、どれほどの日本国民が「自分にも起こりうる」「原発事故が起きたときの避難方法を立てよう」と考えたでしょうか？「自分は原発事故の被害に遭わない」と、どこかで「確信」していませんか？

▼**この章のまとめ**

・いざという時に駆けつけてくれる「ご近所さん」を作っておこう。

・「自分は大丈夫」と、つい考えてしまうことが危険！

## 第2章　災害に備える備品

地震で家屋が倒壊し、ガレキの中で身動きができなくなったときに救援を求めるのに役立つのが、ホイッスル（救助の笛）や鈴です。人の声が到達する範囲は狭く、また何度も叫んでいるうちに声もかすれてしまいます。その点このホイッスルは遠達性に優れており、救助活動中の人たちに「ここにいるよ！　助けて」と発信できるスグレ物です。

災害に伴う断水への対策として飲料水は鍋に張っておく、ミネラルウォーターを備蓄しておく（1人1日2リットルで2週間分×家族数）、水洗トイレのためにお風呂の水は抜かないでためておく、などがあげられます。

飲料水の備蓄は原発事故による水源地の放射能汚染への対策としても必要です。福島第一原発の事故直後に、首都圏でミネラルウォーターがあっという間に売れ切れたことを思い出しましょう。

食料品は、乾パンや缶詰といったいわゆる「非常食」は短期間であれば我慢できますが、飽きてしまいます。冷蔵の必要のないレトルト食品は種類も豊富で、お湯があれば温かい食事が作れますのでお勧めです。これらの食品は日常の食事でも使えるので、絶えず1週間分の備蓄をし、使ったら補充することを心掛けましょう。

　停電への対策は第7章で述べます。その他災害時[*1]に備えて用意しておくべきものには、次のようなものがあげられます。

＊1　地震や津波以外にも、火山の噴火・大雪・洪水などがあげられます。日本は世界でも有数の自然災害多発地帯と呼ぶこともできます。

　携帯電話充電器（手回し式のものやソーラー発電）　懐中電灯　衛生用品　下着・靴下　コンビニ袋やサランラップ（汚物入れ　止血帯　三角巾などに使用）　携帯ラジオ　ヘルメット　ガムテープ
　非常食（カロリーメイトなどの携帯しやすいものや、食事制限のある人は自分に合った食べ物を準備）　飲料水　電池　携帯トイレ　常用薬（あれば）　お薬手帳（避難先で手配してもらうために必要）　手動式車いす（電動車いすは重いことと、電池切れの恐れもあるので、緊急避難にはむかない）　卓上ガスコンロ　プラスチック製の食器　↓これらをひとまとめにして、非常時持ち出し袋に入れておく
　以上に加え、原発事故避難に必要なものとして、次のようなものがあげられます。
　防塵マスク（花粉症対策マスクは目が粗く効き目がない）　ゴーグル（眼球からの放射性物質の取り込み防止のため）　レインコート　長靴　ゴミ袋（避難所に入るときはレインコートなどはこれに入れ、表に置く。屋内に持ち込まない）　放射線測定器
　避難の方向は、風向きと直角に。たとえば、北から南向きに風が吹いているときは、東か西の方向に避難する。
　自動車で避難するときに備え、ガソリンはメーターが半分になったら給油することを習慣にしま

しょう。

**▼この章のまとめ**

・災害はいつやってくるか分からない。
・3日間生き延びるための防災グッズを備えよう。

## 第3章　避難指示がすべての人に伝わるしくみと避難援助

地震に伴い停電が発生した地域ではテレビが映らず、聴覚障がい者に避難指示が伝わりませんでした。また携帯電話もつながらず、緊急メールも届きませんでした。このようなケースに対し、新しい技術の開発が待たれます。現状では、聴覚障がい者は携帯電話のワンセグTV放送を見る「見えるラジオ」で情報を入手するといった方法があります。

視覚障がい者は、パソコンや携帯電話にメールの読み上げソフトを入れておくなどの対策が有効かと思われます。防災無線がハウリングして聞き取れなかったとの教訓から、技術的な改善が進んでいます。しかし大規模災害で地域のインフラが破壊された過酷な状況では、これも隣近所の人からの情報提供がとても大事です。また、視覚障がい者はラジオで避難指示を聴いても単独では避難できません。第1章で述べたような近所の人たちが助け合って避難する取り組みが必要です。

しかし、これは津波到達時間に余裕がある場合に限られます。30分なら助けに行けるが10分なら無理かも……しれません。この意味で「避難指示(と津波の高さ。到達時間)」がすべての人に確実に伝わることが決定的に大事なことといえます。

しかし、予想される東南海大地震で静岡県沿岸には、10分程度で津波が到達するといわれています。このような地域に住む障がいを持つ方はどうすればよいのでしょうか?

スロープがついた避難タワーや、手回し式のリフトがついた避難タワーの建設が望まれます。そして、「移転」も選択肢であると思われます。地方自治体が進める津波対策の中に、障がい者の移転補助を創設してはどうでしょうか。また、短時間でも安全なところへ避難できる技術の開発や、避難訓練のレベル向上などの努力を積み重ねていきましょう。

避難するときは「もう私は避難したよ」との合図を、たとえば玄関のドアノブにハンカチを巻き付けておくなど、地域で決めておきましょう。そうすれば次に助けに来た人がそこで時間を取られなくて済みます。これも避難援助者の犠牲をなくす工夫の一つといえます。

**▼この章のまとめ**

・情報のバリアをなくそう!

・生命に関わる情報を、確実に入手する手立てを講じておこう。

## 第4章　一次避難所をユニバーサルデザインの発想で

一般的には地域の学校や公民館という、一次避難所に避難することになっています。そして、障がいがあってそこでの生活が困難な人はそこから福祉避難所へと振り分けられる、という仕組みになっています。問題はその福祉避難所のキャパシティです。

3・11のような大規模災害では、福祉施設とそこで働く職員が被災し、さらに一定数の非常時受け入れ用の空き部屋が用意されていなかったことにより、受け入れ余力がなく福祉避難所として機能しなかった事例が圧倒的でした。またその後の原発事故により職員の避難が広がると、施設利用者を守ることすらままなりませんでした。このようなことから、福祉避難所が受け入れ可能な人数は限定的であると考えたほうがよさそうです。やはり地域の学校や公民館などの公共施設に避難する人が多数を占める事態を想定した対策が必要です。その場合、公共施設のバリアの存在が大きな問題となります。東日本大震災でも、「一次避難所に行ったが、とてもそこでは生活できそうもないので半壊した自宅に帰ってきた」とか「校庭に停めた自動車の中で1週間暮らした」という話がありました。

地域住民が利用する施設が障がい者や要介護の高齢者に、とても使いづらい構造となっていることにこれまで関心が払われてきませんでした。「地域住民」に障がい者や要介護の高齢者が含まれていなかった、といわざるをえません。また我が国の教育が健常児と障がい児を分ける分離教育のシステムをとってきたため、地域の学校のバリアの存在が問題にされてこなかったともいえます。

公共施設の物理的バリアを取り除くことに早急に取り組むべきです。その間に起きた災害については、人々の協力でバリアを軽減する方向で考えていきましょう。

ちなみに学校は避難所として最適なところです。なにしろ全国津々浦々どこにでもある！　そこで大事なポイントを一つ。災害時には一次避難所として通常体育館のみが使われますが、学校という施設内には体育館以外にも避難所として役立つ機能が満載です。突然の環境の変化についていけず、パニックになってしまう知的・発達障がいの方や介助の必要な高齢者は、教室や保健室を使ってもらうという選択肢もあります。そのような「福祉ゾーン」を設けることで、支援が集中できることになります。

調理室には鍋釜や食器もあります。放送施設もあります。校庭は炊き出しスペースや駐車場、臨時のお風呂などの設置にも使えます。プールの水は断水時の水洗トイレにも使えます。災害時の学校を有効利用できるよう、避難所設営訓練を小学区単位で実施してはどうでしょうか。避難所の運営訓練を地域の人同士で行うことで、災害時にもスムーズな避難所開設・運営ができるように普段から顔見知りを作っておくことができます。そして要援護者の災害時支援のために避難所ボランティアを養成し、基礎的な介護技術も学んでもらうこととします。このような訓練を通して、地域の健常者と障がいを持つ人々が助け合って生き延びることを学んでいきます。避難所での大事な情報伝達は模造紙に書いて、皆が見えるところに貼り出すことも避難所運営マニュアルに入れておきましょう。

3・11で実際に避難所の運営に当たった方の経験を聞くと、運営に必要な二つのポイントがあげられます。

一つは数百人の集団に秩序をもたらす強力なリーダーの存在です。放っておくと威圧的で声の大きい者が支配する空間になってしまいます。学校の管理者である校長が、避難者とにわかに集まった支援者の統率者になれればそれにこしたことはないのですが、難しいようです。

いわき市中央台の学校では地元の消防団がその役割を果たし、とてもスムーズに避難所運営を行ったそうです。ようやく避難所にたどりつき、不安でいっぱいの避難者の前に、いわき市消防団の法被を着た消防団員が登場し、「私たちの指示に従ってください」と呼びかけたそうです。その姿はとても頼もしく感じられたでしょう。避難所運営は地域の組織的な取り組みとして、普段の訓練などであらかじめリーダーを決めておくのがよいでしょう。

二つ目は避難者名簿を作ることです。集まってきた避難者にはさまざまな経験を持つ人が含まれています。どんな資格や技術を持っているかも聞き出します。看護師であるとか、消防団員であったとか、介護の仕事をしていたとか、避難所運営に役に立つスキルを持つ方をリストアップし、役割分担をお願いすることで組織的な運営が可能となります。避難所の運営に避難者にも参加してもらうことはとても大事です。

避難者名簿を作る目的にはもう一つあります。それは、避難所から自宅に戻った人に救援物資を届けるためです。救援物資は避難所に優先的に届くため、在宅避難されている人々にはこのような対策も必要です。そして障がいのある方には、どのような配慮と支援が必要か、詳しく聞き取りをすることです。これは避難所内での場所（居住スペース）の割り振りにも関わってくる大事なポイントです。

体育館が避難所になる時の特徴として、避難者はまず壁際から場所を取り、最後に体育館中央の空間だけが残されるということがあります。移動のしやすさを考えるとだれでもそのような選択をする傾向があります。避難に時間がかかる障がい者がやっと学校に辿りつくと、空いているのは体育館のど真ん中だけ、ということが多々ありました。障がいを持つ方が移動しやすくするために、壁際を空け、通路の幅は1mを取り、そして車いすの方や視覚障がい者がトイレに行きやすくするため、壁際のできればトイレに近いところを割り振るべきです。それぞれの障がいの特性に合わせた福祉スペースを確保した避難所とすることが重要です。

3・11直後に福島県では、避難者のために、ホテルや旅館・福祉センターなども避難所に指定しました。数万、数十万という規模の避難者を受け入れるためには社会資源を総動員しないと追いつきません。

福祉避難所に過大な期待をせず、学校・公民館などの一次避難所のユニバーサルデザイン化を進めていきたいものです。

**▼この章のまとめ**

・福祉避難所が受け入れ可能な人数には限界がある。
・一次避難所のユニバーサルデザイン及び福祉ゾーンの設置義務化による改善を。
・避難所では、必ず名簿を作る。
・避難所は学校だけではない。

## 第5章　福祉事業所は災害時も障がい者への支援を継続する

通所・入所施設にあたっては通常の火災避難訓練に加え、津波や洪水、そして原発事故の避難計画を立て、実際に避難訓練も実施しましょう。

訪問介護事業所は、サービス提供時間以外に災害が発生した場合の安否確認や必要な支援を立案しておくべきです。日常生活に支援が必要な人は、災害時には、もっと支援が必要になるからです。通所施設で可能な所は、福祉避難所の指定をとることも検討してはどうでしょうか。

発災後には、地域の社会福祉協議会に「災害ボランティアセンター」が立ち上げられますが、障がいを持つ方の救援のために、その中に「障がい者救援センター」を設置することを提案します。それを担うため、地域の自立支援協議会の一部門として常設しておき、災害発生時の取り組みをあらかじめ決めておくようにしたらどうでしょうか。

ただ、原発事故となると問題は複雑になります。放射性物質に汚染されることが予想される環境で、「留まって障がい者への支援を続けよう」との「業務命令」を発することはできません。わが子の健康被害を考え、避難した職員のことを誰が責められるでしょう。利用者と家族の生命のはざまで、まさに苦渋の選択をせざるを得なかったのです。それが原発事故のもたらす悲劇性です。

「ボランティア」という言葉には「志願兵」という意味もあるそうです。放射能汚染下で支援を継続する、あるいは一緒に避難する準備をするという行為は、文字通り「志願」という言葉がふさわしいのかもしれません。ただし事業所はそのような事態に備え、防塵マスクや防護服、ゴーグルや長靴それに放射線検知器などを備えておくべきです。被ばくの影響を最小限に抑えるために、必要な手はずを整えておきましょう。災害時も事業を継続できるようＢＣＰ（事業継続計画）を事業所として作っておくようにしましょう。

全国に54基もの原発を抱え込んでしまった日本に住むということは、このようなことを「想定」しておかなければならないということです。たとえ今すぐに日本が脱原発に転換しても、原子炉内の放射性物質の処理や、汚染された機材を廃炉後にどこでどう安全に管理するのかという問題は残ります。

たかだか数十年しか発電しない原発の後始末を、数万年も子孫に押し付ける愚かなことを私たちはすでにしてしまったのです。私たちの祖先は森林を伐採した後に苗木を植え、海岸線に防潮林を育てました。すべては子孫への贈り物でした。現代人のしていることはこれと「真逆」のことではないでしょうか？

### ▼この章のまとめ

・支援者は災害時もできる限り支援を継続する。
・原発事故を想定した防災計画と訓練を。

## 第6章　重症患者は動かせない！原発30㎞圏内の病院や入所施設は放射線防御の対策を

福島第一原発事故直後に、本来は動かしていけない重症の患者を無理にバスに乗せて避難させ、多くの方が避難所に着く前に亡くなりました。また避難所でも多くの患者が亡くなったとのことです。

避難指示が出る可能性のある原発30㎞圏内の病院や入所施設は、放射線防御の改修工事を実施すべきと考えます。ドクターヘリや自衛隊の救出へリで、短時間に他の病院に転院する体制が整うまでの間は、放射線防御施設（一種の「免震重要棟」）にスタッフと共に留まるようにすることを考えてはどうでしょうか。屋内退避の指示が出ると、ヘルパーも来なくなってしまい、障がいを持つ人は生活できない。そんなときに、この病院内の放射線防御施設に避難することも考えられます。

原発を再稼働するのであれば、東日本大震災クラスの大災害に原発が１００％耐えられることの立証に加え、原発事故が発生したときの避難について実現可能な計画を持つことが絶対に必要です。その中には、原発30㎞圏内の病院や入所施設への対策も含まれることはいうまでもありません。

▼**この章のまとめ**

・原発30㎞圏内の病院や入所施設は核シェルターを設置する。

## 第7章　数日にも及ぶ停電に備えよう

3・11以前の停電のイメージは、「落雷で停電し、数時間で復旧」というものが一般的ではなかったでしょうか。しかし、今回宮城県では数日間の停電が発生しました。人工呼吸器を使っている方にとっては、まさに生命の危機が訪れたのです。

介護機器は電気を使うものが多いのです。介護ベッドやエアマット、リフト、吸引機やネブライザーなど多岐にわたります。それらが数日間使えなくなったら……？　それに加え照明もなし、エアコンもファンヒーターも扇風機も動きません。

人工呼吸器を使用している方は、補助バッテリーを持っている方もいます。本体のバッテリーと合わせて10時間程度は維持できますが、それから先にどう備えるかです。補助バッテリーを2個持つこと、そして発電機を購入することです。空になった補助バッテリーを充電することを繰り返してしのぎます。そしてこれらの機材の購入についての補助制度の創設を提案します。

人工呼吸器メーカーは災害時の人工呼吸器ユーザーへのバッテリー供給について、あらかじめ計画を作成しておくべきでしょう。補助バッテリーや発電機のあるなしといった情報をきちんと把握しておき、バッテリー供給の優先順位を直ちに作成できるような体制が望まれます。

もう一つの方法は自動車のシガレットライターからコードで電気を引っ張ることです。自動車が発電所になるわけです。しかしいずれも燃料が切れたら機能しません。最後の手段は手動式の人工呼吸器（アンビュウバッグ）を使い、電気の復旧を待ちます。宮城県のある筋ジストロフィーの患者の家族は、2時間3交代でこれを繰り返したとのこと。それでも復旧の見通しがたたないため、電気の来ている病院に入院したそうです。

このほかに大事なことが二つ。暗闇の中で吸引する際には両手がふさがっていて、手元を照らすことができません。そんな時に役立つのが登山などで使うヘッドライトです。また足踏み式の吸引機は力は弱いですが是非備えておきたいものの一つです。

▼この章のまとめ

・長期的な停電に、二重三重の備えを。

## 第8章　仮設住宅の仕様を抜本的に ユニバーサルデザインで つくりかえよう 借り上げ住宅の改造費補助を

阪神・淡路大震災の際に建てられた仮設住宅のあまりのバリアの多さに、入居した障がいを持つ方々からたくさんの不満の声が上がったといいます。しかし、その教訓は今回建設された仮設住宅には活かされませんでした。

基本的な仕様を抜本的に見直すべきと考えます。緊急時の住居だからといっても、部屋に入れない、出られない、トイレが使えない、風呂に入れないという構造は大問題です。それに加えて、隣の家のイビキが聞こえるという遮音性の無さ、テレビのリモコンのスイッチを入れると隣の家のテレビがつく、夏の暑さ・冬の寒さなどなど、課題は山積みです。2〜3日の短期滞在ではないのですから、住む人の立場になって発想の大転換が必要です。仮設住宅の建設では、まず「福祉仮設住宅」からとして、その後に周辺に一般の仮設住宅を建設するとしたらどうでしょうか。緊急性で順番にメリハリをつける発想です。

また避難所では、全国各地からの支援が集まり、構造上のバリアを人力でカバーすることもありましたが、仮設住宅に移行するとそれが途絶えてしまうため、あえて避難所に留まった障がいのある方もいました。この点も是非伝えたい教訓です。

たくさんの意見が出されていますが、「喉元過ぎれば熱さも忘れる」式に仮設住宅の問題が改善されずに残ってしまう恐れが濃厚です。十分な検証作業を行い、仮設住宅の仕様を変更することを国に要求していきましょう。東日本大震災では、仮設住宅で生活している人は、全体の3～4割であり、他は見なし仮設住宅（借り上げ住宅）と呼ばれるアパートや借家で暮らしています。その生活が長期化するわけですので、障がいに対応した住宅改造が当然必要になります。改造にかかる費用の補助制度も作るべきであると考えます。

しかしこの問題は、まったくといってよいほど取り上げられてきませんでした。仮設住宅と違い、避難先の地域に分散して暮らしていることが問題を見えづらくしているようです。対策が求められます。

**▼この章のまとめ**

・仮設住宅の基本設計の見直しを。バリアをなくせ！

## 第9章　原発事故に伴う広域避難の際、単独避難できない方へのケア付き集団避難

福島第一原発の事故では、数十km、数百kmの避難が必要でした。一人暮らしの障がい者や障がい者のご夫婦などは、避難したくても自力ではそれができず、避難支援が必要でした。福祉介護事業所が、利用者・職員とそれぞれの家族でまとまって避難する集団避難を検討すべきと考えます。

今回もいわき市と田村市の自立生活センターはこの方法で避難を実行しましたし、いわき市の介護老人保健施設「小名浜ときわ苑」は百数十名で千葉県に集団避難しました。このような福祉事業所の職員による「要援護者のケア付き集団避難」という事例も注目すべき点です。また避難先の選定において、医療ニーズのある方では、それが受

けられる環境にあるかということも大きなポイントです。東日本大震災では、国が「避難先も自宅とみなし、介護報酬を請求できる」という通知を早い段階で出したことも、集団避難の追い風となりました。

一方、避難中は自宅と違い介助サービスを普段より多く使わないと生活できない劣悪な環境である可能性もあります。サービス支給量の変更が必要になりますが、大震災という緊急事態にあっても「事前協議がなかったから認めない」と通知してきた自治体がありましたが、これは理解に苦しみます。

**▼この章のまとめ**

・支援者と一緒に、集団で避難することも想定しておく。

・要援護者への緊急時の介助サービス体制の充実化・制度化を。

# おわりに

ロシナンテ社の四方さんから原発事故のインタビューを受けるなかで、この本の出版の話となった。初めてのインタビューは、東京電力原発事故の興奮冷めやらずの頃であったかと思う。何を話したか覚えていない……が、原発のことや障がいを持つ人の避難について話したと思う。

本を出すことには抵抗があった。私は特別な生き方をしているわけではない。もし、私を育ててくれた環境があるとすれば、それは障がいを持ってこの社会を生きていくことの困難さだと思う。親も同じ障がいをもち、罰当たりな親子などという視線の中で母は子育てをした。親孝行したい思いを持つが、家を建ててあげることも生活保護を打ち切ることもできずにいた。親孝行という世間の物差しからは外れてしまうが、せめて親亡き後にも自分の力で生きていくことのできる自分でありたいと思った。つまり、与えられた環境を一生懸命生きたにすぎない。

福島で起きた東京電力原子力発電所の事故は、弱い立場に置かれたものの前に立ちはだかる差別と圧力となって私を木端微塵に吹き飛ばした。障がいを持つ人の自立生活運動の中で、さも差別が軽減されたような、抑圧が緩和されたような気分になっていた。もちろん運動の中で勝ち取ったことも進んだ福祉もある。しかし、人の根幹に根差した差別意識は緊急時に、自分の家族に降りかかるかもしれないとなった時にひょっこり本音と共に顔を出した。「ああ何も変わっていなかったんだなあ」と、深い落胆と自分への奢りに冷や水をかけられたような気分だった。

国も東電も原子力の持つ負の遺産を知っていた。それが貧しい者や弱い者に行くことも知っていた。さらに、避難した人もしなかった人も、日本国中の反・脱原発の人たちもいろんな立場の人が放射能被害と障がいを持つことの不幸を同義語のように発言した。

障がいを持つことと人の幸・不幸は同義語でないことを、社会の別な角度から見ることにより、みんなが住みやすく幸せな社会になるような変革を自分の中にも、社会にも求めて生きてきたつもりである。

しかし私は、今回のことで振り出しに戻ったような気がした。差別はよくないと誰もが思っているにも関わらず、差別は深く根差した優生思想とともに、私の隣の人の中にも、遠く離れた人々の中にも厳然とあることを知ることになった。まさに、今回の原発事故でこの世での私の宿題は何も終わっていないことを知ることとなった。

障がいを持つ人は、社会の成熟度を図るカナリアのようなものだと、私は考えている。カナリアが生きられない社会は、一般の人たちにとっても生きられない社会であることを深く考えてほしいと思っている。原発事故が貧しい人や障がいを持つ人たちをさらに追い詰め、生きにくい社会への幕開けにしてはならない。

フクシマで仲間のためにふるさとで生きる決意を固めた友人がいる限り、フクシマを出た私は外から発言していくことを止めるわけにはいかない。

弱虫な私なのに、新たなる挑戦への道の前に立っているのだとおもうこの頃だ。

四方さんの「こういう人がこのような生き方をしたのだということを伝えることが大事」の声に押されながらこの本を出すことになった。ありがとう。

（すずき きぬえ）

**放射能に追われたカナリア**
——災害と障がい者の避難

2015年12月10日　初版第1刷発行

著　者　鈴木絹江

編　者　ロシナンテ社
http://www9.big.or.jp/~musub/

発行所　㈱解放出版社
〒552-0001
大阪市港区波除4-1-37　HRCビル3F
TEL06-6581-8542　FAX06-6581-8552

東京営業所
〒101-0051
千代田区神田神保町2-23
アセンド神保町3F
TEL03-5213-4771　FAX03-3230-1600
http://kaihou-s.com

装幀　森本良成
レイアウト・データ制作　日置真理子

印刷・製本　モリモト印刷株式会社

ISBN978-4-7592-6770-9　NDC360　143P　21cm